Ojos llenos de arena

Ojos llenos de arena

Maite Ramos Ortiz

Luscinia C.E.

© Maite Ramos Ortiz
Editorial Luscinia C.E.
San Juan, Puerto Rico
2018

@ lusciniace@gmail.com
https://www.facebook.com/luscinia.ce

Edición del texto: Lorna Polo Alvarado

Diseño de portada: José Orlando Sued

Foto de la autora: Ángel Rodríguez

ISBN: 978-1-944352-14-1

Contenido

Conócete a ti misma.

El camino al infierno
está lleno de buenas intenciones

Catherine tomó el libro, lo abrió donde se había quedado y comenzó a leerle a su nieta.

"Nuestra heroína no esperó por nadie. No había podido dormir por el rumor del viento que se colaba por la chimenea. Afuera la tormenta arreciaba. Los relámpagos iluminaban la habitación a pesar de las gruesas cortinas de damasco que cubrían las ventanas. El último relámpago vino acompañado de un grito desgarrador, y, de inmediato, se escucharon unos pasos que se alejaban, haciendo crujir el suelo de parqué. Decidió investigar.

"Su habitación quedaba al final del corredor del ala oeste del castillo más antiguo de Inglaterra. Tomó un candelabro y, con sigilo, abrió la pesada puerta, pero una ráfaga, acompañada de un trueno terrible, apagó la vela. Volvió a escuchar el grito que le heló la sangre, seguido de una risa demente; era de mujer, quizás de una loca encerrada en la buhardilla.

"Corrió hasta las escaleras que bajó de prisa. Ya al pie se dio cuenta de que estaba sola. Se dirigió a la galería central. La oscuridad era tétrica. Aun así, comenzó a cruzarla a paso seguro hasta que los sintió. Eran un par de ojos clavados en su nuca. Temió mirar atrás. El susurro del viento se escuchaba a través de las ventanas y una sensación gélida, que provenía de esos ojos que se negaba a ver, le recorría desde la nuca a lo largo de la espina dorsal hasta llegar a la punta de los pies. Y se intensificó tan pronto volvió a escuchar el crujir del suelo.

"Inconsciente, aumentó la velocidad de sus pasos y sintió a sus espaldas que la imitaban. A la larga, corrió hasta entrar al enorme salón de baile. Con todas sus fuerzas cerró la pesada puerta y se sintió a salvo. Pero los grandes ventanales carecían de cortinas y dejaban entrar lánguidas sombras inquietas. El resplandor de un relámpago iluminó una figura al otro extremo. Debía ser Dorothy, la ama de llaves, cuya delgadez cadavérica siempre la asustó. Otra vez el grito. Sin embargo, en esta ocasión pudo adivinar de dónde provenía. Se apresuró a llegar a una de las puertas laterales y se internó en el ala norte del castillo.

"Temerosa de que Dorothy la hubiera seguido, aligeró el paso hasta que se topó con unas escaleras estrechas. Llevaban a lo alto del torreón del castillo donde ubicaba una habitación a la que le habían prohibido entrar. Otra vez la risa. Se apresuró en subir. Abrió la puerta y se encontró con un recinto lleno de polvo, que olía a humedad, iluminado por una sola vela. Escuchó el grito otra vez y sintió cómo el frío le calaba los huesos cuando se dio cuenta de que provenía de un armario. Se fue acercando mientras se preguntaba qué había detrás, quizás un esqueleto, quizás el de la desaparecida Emily, ¡oh, Dios! ¿Podía ser posible que la hubieran asesinado?

"Colocó la mano en el cerrojo, había una llave. Trató de darle vuelta y no pudo. Por fin escuchó que se soltaba el seguro y…".

—Abuela —interrumpió la pequeña Mina.

—¿Dime, mi amor? —preguntó la anciana.

—¿Y si lo que encuentra es un vampiro?

Catherine Tilney abrazó a su nieta Wilhemina Murray. Le contaba una historia antes de que fuera a pasar una temporada en casa de su amiguita Lucy Westenra.

—Por supuesto —le contestó a la niña—, podemos añadirle lo que tú quieras. Solo recuerda que todos estos relatos son fantasías. Nada es real: ni los espectros, ni los aparecidos, ni mucho menos los vampiros.

Abominación

It is with reason and terrible experience that we call the pre-born Abomination. For who knows what lost and damned persona out of our evil past may take over the living flesh?
Children of Dune, Frank Herbert

Escuché el oráculo por primera vez cuando Osma y yo bajamos a la aldea para ir al mercado. Mi padre era un anciano principal y desde pequeños nos enseñó temer al Gran Señor quien nos castigó con la inundación por no obedecerlo y, quizás por eso, sentí temor. Sin embargo, Osma se echó a reír. Ella, tan distinta a otras niñas de su edad, dijo que solo los ignorantes creían en supersticiones. Así lo hubieras dicho tú.

Cuando ya estaba lista para regresar a nuestro bohío, me di cuenta de que ella no estaba conmigo. Fui al puesto de mi padre; solo podía estar allí y no me equivoqué. Como siempre, discutían. Él parecía olvidar que solo tenía doce años.

—Algún día volveremos a volar por los aires —Osma decía, segura de sí—, con líquidos se curarán muchas enfermedades, hablaremos con personas al otro lado del planeta y los podremos ver, con un botón prepararemos los alimentos, como era antes de la inundación.

—¡No puedes recordar cómo era! —él dijo furioso, más que asombrado—. Nadie aquí recuerda.

—¿Cómo qué no?

Fue un desafió y por su mirada supe que mi padre así lo había entendido. Me le acerqué para regañarla. Por eso escuché cuando él susurró: "Abominación". Odiaba que la llamara así. Siempre lo hizo, desde la primera vez que la vio. Pero ese día en el mercado me llené de rabia y me le acerqué tanto que sus ojos se abrieron:

—No vuelvas a decirle así. No olvides que es tu sangre. Quizás la primera abominación fuiste tú.

Al regreso, Osma no paraba de hablar. ¿Recuerdas cómo

10

era? Hablaba de cómo era antes de la inundación, una inundación que ni el más viejo de los ancianos presenció.

—Solo sobrevivió la gente en la codillera —me decía—, muchas personas murieron al ceder los cimientos de los edificios y las casas o por las inmensas olas que no avisaban o las eternas lluvias o sequías… y los pocos que quedaron no sabían qué hacer —decía en voz alta, con desesperación—, pero aquel hombre gritó: "¡castigo divino!", y prefirieron creerle. ¿Recuerdas, madre? Tú lo viste.

Me detuve y la agarré del brazo.

—¡Nunca repitas eso! —la regañé a gritos—. Nadie debe saber que vimos lo que pasó con nuestros ancestros.

Osma cambió la expresión, como si hubiera entrado en ella una niña pequeña y le vi esa mirada que me pesó en el alma.

—Ella me odia, ¿verdad? —me dijo.

—Tu abuelo en realidad…

—No hablo de él —me interrumpió—. Es mi hermana.

Yo no sabía que estaba esperando otro niño. En ese momento, a pasos de nuestro bohío, pensé que quizás ella sí es… No importa, ya nada podemos hacer.

Esa noche, luego de que los niños se quedaran dormidos, te conté lo ocurrido. Estabas tan feliz con el embarazo que no me escuchaste. Dijiste que el oráculo era una superstición. ¿A quién se le podía ocurrir eso de que de la montaña en la que una vez vivió el dios del bien, vendría alguien a salvarnos? Habíamos estado allí y nunca vimos a nadie. Me dijiste que no había dioses ni del bien ni del mal; ni Yukiyú ni Juracán.

Nunca creíste en las enseñanzas de los ancianos. Ellos nos enseñaban que debíamos conformarnos con lo que el Gran Señor nos daba; tú les preguntabas para qué construir un bohío o tener un mercado. Todo eso lo hacíamos nosotros, no ningún señor. Terminaban disciplinándote, aunque no funcionaba contigo.

Apenas eras un niño la primera vez que escapaste. Cuando te encontraron, te disciplinaron en el centro de la plaza para que todos lo vieran, pero aun así insististe en que había gente en el desierto del sur. Luego dijeron que eras una abominación. Fue la primera vez que escuché esa palabra que tanto odio. Pero como los ancianos te llamaron así, nadie creyó lo que decías. Sobre todo, porque cuando querías, volvías a irte y a regresar. Hablabas del agua nueva que surgía de las montañas, de las ruinas ocultas por la maleza, de otros grupos como los del este que vivían en grandes bohíos que los ancestros habían construido o los del oeste que sembraban en valles y no esperaban a que el Gran Señor les diera la comida y tantas historias fantásticas que nadie quiso escuchar; como que la inundación no fue un castigo y que en muchos otros lugares más allá de los mares, había ocurrido lo mismo y que no estábamos solos. Yo sí te creía, incluso cuando dijiste que en la Montaña Sagrada no había gente, no había un dios. Pero nunca dije nada.

¿Recuerdas aquel domingo? ¡Éramos tan jóvenes! Te apareciste durante el sermón de mi padre con la ropa con la que acababas de llegar de tu viaje. No te sentaste a escucharlo, te reías de lo que decía y luego dijiste lo de la Montaña Sagrada. Mi padre estaba furioso y desde el púlpito te insultaba. Yo te miraba, no como él nos había enseñado, sino de otra forma. Yo te admiraba. Tendrías veinte años y se notaba que habías vivido más que todos nosotros, que nunca habíamos salido de la aldea. Hubo un momento en que volteaste el rostro en mi dirección y te pusiste serio; él seguía insultándote, pero tú diste media vuelta y te fuiste.

Por la tarde, ayudaba a mi hermana a coser su ajuar de bodas. No quería casarse, pero nuestro padre ya lo había decidido. Mientras pegábamos las mangas del traje, escuchamos voces afuera. Discutían. Cuando salimos estabas ahí y él te insultaba, pero no le prestabas atención. Miraste a donde estábamos nosotras, y sonreíste. Nos acercamos y comenzaste a hablar como desesperado, como todavía hace Osma. Dijiste que siempre quisiste una compañera y que solo pensabas en mí y por eso habías regresado y que no me tenía que ir contigo si no quería. Bueno, en realidad, no sabíamos a quién le hablabas porque nunca mencionaste un nombre.

Mi hermana y yo entramos corriendo al bohío. Metí algunas cosas en mi mochila; ella doblaba la manta que habíamos terminado la noche anterior y pensé "es ella", pero me la entregó y me abrazó. Afuera todo era confuso, pero solo veía tu sonrisa. Él nos insultaba, no recuerdo exactamente cómo, solo que me volteé y le dije que me iba contigo porque quería.

Nunca antes había salido de la aldea. Estaba segura de que

quería irme contigo, pero también tenía miedo de lo que encontrase. Ese día vi por primera vez un caballo con una montura. Nos habían enseñado que lo natural era que estuvieran libres. Sobre él nos dirigimos al este, a la Montaña Sagrada.

Tenías razón, no había nadie allí. Estuvimos meses buscando: vimos muchas nubes y mucha lluvia, cascadas, torres y metales caídos, edificios en ruinas, ocultos por una maleza enorme, muchos animales, pero ni una persona ni un dios. Fue en la cima del más alto de los tres picos que me di cuenta de que el mar es más ancho de lo que me dijeron, de que no existe un Gran Señor y de que la lluvia es distinta. "El agua de la vida", me dijiste.

Cuando bajamos, llevaba a Osma adentro.

Fui yo quien tomó la decisión de regresar a la aldea porque quería que mi padre conociera a sus nietos. Pensé que debía haber olvidado la manera en que me fui y si no, lo olvidaría al verlos. Me equivoqué. Osma tendría cinco años, Pedro dos y yo esperaba a Jaime. Por primera vez, la llamó abominación. Era tan pequeña, pero hablaba como adulta y le preguntó que cómo se atrevía a juzgarnos con todo lo que había hecho cuando joven. Habló de sucesos terribles. Tú y yo sabíamos que eran ciertos porque los habíamos visto, pero ¿cómo los supo ella? Él la llamó abominación y ella reía como si hubiera perdido la razón.

—Ni siquiera sabe lo que realmente significa —me decía.

Aun así nos quedamos cerca, en un bohío en la montaña. Nació Jaime y tres años después, Yan. Todo estaba bien con nuestra familia hasta que escuché el oráculo. Ahora recuerdo porque me dio miedo escucharlo: nadie nunca nos preguntó dónde habíamos estado y no sabían que Osma y Pedro nacieron en la Montaña Sagrada.

—Maia, dicen que será el primer hijo de una virgen —me dijiste aquella noche, cuando te conté lo que sucedió en el mercado de la aldea— y Pedro es el segundo.

—¿Y si a quien esperan no es un niño y no lo saben?

Pero no me escuchaste. ¿Por qué habrías de hacerlo? Lo que vimos en el pico más alto parecía haber ocurrido hacía tanto tiempo y estábamos bien, a pesar de que en la aldea decían que no nos querían. ¡Hipócritas!

El bohío era nuestro hogar. Los niños crecían sin nadie que les dijera "no comas esto", "te vas a enfermar", "no juegues", "no te rías que al Gran Señor no le gusta", "vístete así", "compórtate bien", sin marcas de la disciplina en la espalda como nosotros. No esperábamos a que nadie nos diera de comer: teníamos nuestro conuco y Osma trabajó en él más que nadie. Cosechaba todo lo que sembraba, construyó un canal para que le llegara el agua del río, inventó la manera para evitar que las plagas nos dejaran sin alimento, aprovechaba el agua de la lluvia.

Todavía nos recuerdo construyendo las cosas que sus pequeñas manos no podían. ¡Cómo adorabas que te diera órdenes! A veces era muy estricta, a veces delicada, a veces furiosa. Así consiguió facilitar el aseo de sus hermanos con una ducha, ¿recuerdas? Echábamos agua en una caja alta y con una palanca nos rociábamos todos. ¿Y el horno? Podíamos cocinar aunque lloviera. En la aldea nos odiaban por eso.

Pero su orgullo era la esquina donde tenía sembradas distintas hierbas que recogía por ahí. Me explicaba para qué servían: para cocinar, para perfumar, para sanar. Mencionaba enfermedades de las que nunca habíamos escuchado hablar y usaba remedios que nadie le había enseñado a preparar. No sé cómo se enteraron en la aldea, pero de vez en cuando aparecía alguien con algún dolor y ella le daba algún brebaje o ungüento. Ayudaba a cualquiera: al hombre que no podía caminar del dolor, a la mujer que tenía una mancha extraña, al niño que vomitaba todo lo que comía, a la joven embarazada que quería deshacerse del hijo, al anciano que no podía complacer a su joven esposa.

Tuve una pesadilla aquella noche que te dormiste acariciándome el vientre donde crecía la niña que tendríamos. Cometí el error de darte la noticia antes de hablarte del oráculo. Por eso no me escuchaste.

Soñé con la ciudad, una ciudad en la que nunca viví, pero que sabía cómo era antes de la inundación, y también soñé con todas las posibilidades del futuro y Osma en el centro con los brazos extendidos, la palma derecha hacia arriba y la izquierda hacia abajo y con un leve movimiento de un dedo escogía cómo se destruiría o reconstruiría la ciudad. Ella era la salvadora, una madre para todos, pero también una justiciera implacable y vengativa.

Un día saliste para la aldea. La noche antes habíamos vuelto a discutir. Yo insistía en que nos fuéramos, apenas faltaban cuatro meses para que naciera Clara, por lo que podía hacer el viaje, pero para ti no había necesidad. Esa mañana me dijiste que bajarías al mercado. Eso era todo, pero un mes más tarde, aún no habías regresado. Osma insistía en que volverías, aun cuando mi padre se apareció con un grupo de ancianos y me dijo que una mujer no podía estar sin hombre. Recordé a mi hermana, muerta antes de dar a luz a su hijo por haberle servido calabaza en lugar de yautía al esposo escogido por mi padre. Sin embargo, me eché a reír.

—Soy libre de hacer lo que quiera —le grité desde la puerta de nuestro bohío.

—El Gran Señor te castigó —me dijo— y te dejó sola.

Esta vez no fui yo quién rio, sino Osma. Le preguntó por el libro del que tanto hablaba, pero que nunca había leído porque ya no existía.

—Inventas lo que dice —le dijo—, ni siquiera existe ese Gran Señor.

Él palideció y le dije que me había juntado contigo porque quería y el día que ya no quisiera sería yo quien se iría. Fue cuando me dijo que el que se cansó fuiste tú y nos abandonaste. Osma volvió a echarse a reír.

—No podrán detenerlo por mucho tiempo —le dijo—. Él siempre escapa.

—¡Brujas! —nos llamaron todos—. ¡Abominaciones!

Y mientras los ancianos se marchaban, mi padre nos amenazó con la ira del Gran Señor que no tardó en manifestarse. Con la excusa de que solo debemos vivir con lo que nos da el Gran Señor, primero bloquearon el canal y nos dejaron sin agua, después nos impidieron llegar al río, destruyeron el conuco, tumbaron la ducha y el horno, y soltaron nuestros animales, incluso los caballos.

Traté de llevarme a los niños, pero no nos dejaron. Eran los mismos a los que Osma había sanado y que ahora decían que usó brujería para hacerlo. Ella insistía en que volverías, pero yo debía alimentar a cuatro niños y a la que venía en camino y no tenía con qué. Quizás eso adelantó el parto.

Ocurrió cuando llevabas tres meses de desaparecido. Esa mañana, Osma avisó que vendría un huracán. Pedro, Jaime y yo, que cargaba a Yan no pudimos evitar mirarla. No por lo que dijo, sino porque parecía disfrutar la desgracia.

—El hermano del Gran Señor —dijo con burla— decidió visitarnos.

Sentí las contracciones con las primeras lluvias. Estaba preocupada porque tú no estarías para ayudarme. Sin embargo, Clara nació con la ayuda de Osma que parecía una comadrona experta.

A la mañana siguiente, me despertó, abrió la ventana y me mostró el cielo. Estaba azul.

—¿Ves, madre? —me dijo—. Padre volverá hoy.

Y así fue. No pasó media hora antes de que escuchara a Jaime gritar "padre está de vuelta, padre está de vuelta". Entraste y preguntaste primero por Clara a quien trataba de alimentar con la poca leche que me salía.

"Nos tenemos que ir" fue lo único que dijiste. Pero yo no me podía mover. Estaba débil, luego vino la fiebre y después el delirio. Vi a Osma con las manos llenas de sangre y a la gente de la aldea que la señalaba mientras la acusaban: "¡Abominación!", pero caían muertos por su mirada y luego tú en una prisión y una Osma adulta con los brazos extendidos a punto de morir, pero no, estaba dictando sentencias de muerte y frente al mar Pedro me decía: "Es ella a quien esperan", y Jaime construía una barca y me decía: "Voy a cruzar los mares, la gente debe saber de su gloria", y Yan escribía frenéticamente para así mostrar su grandeza y en sus ojos y el de los que la seguían y obedecían reconocí el brillo de la locura y el temor y Clara... Clara, tan débil, me decía: "Yo expiaré sus pecados", y otra vez tú y eras joven, ¿recuerdas?, como aquel día que dijiste que volviste por mí y yo era joven también y tenía el vientre plano y los pechos firmes, ¿recuerdas?, y tocaba tu piel suave y sentía el peso de tu cuerpo sobre el mío allá en el pico más alto de la Montaña Sagrada, después de bañarnos bajo la lluvia que no era una inundación, sino agua de la vida, y estábamos sobre la manta que fue del ajuar de mi hermana, muerta por el esposo que le escogió mi padre, y tú y yo nos amamos tanto que explotamos y llegué a ese lugar donde lo vi todo y tú estabas conmigo, y sonreías y me dijiste que no tuviera miedo que ya habías estado allí y vimos la vida de todos los que vinieron antes de nosotros y de nuestros ancestros y de sus ancestros y de tantos antepasados que se perdieron en el tiempo y sus recuerdos se grabaron en nuestras mentes y vimos todas las posibilidades del futuro, y no estábamos solos: Osma, recién creada dentro de mí, estaba con nosotros y lo vio todo y no debía porque su pequeña mente no lo resistió y vi a mi padre, con una tea, que la llamaba abominación y de momento el fuego, un fuego sofocante y quería proteger a los niños y no podía y grité "¡son tus nietos!" y cuando oí que me llamabas, supe que no dormía.

El hecho de que en medio del huracán hubieras logrado escapar de dónde te encerraron y de que después sobreviviéramos al fuego los asustó. Pensaron que fue magia; y aunque mi padre insistía en que debían continuar los castigos, nadie se atrevió a acercarse ni nos siguieron cuando partimos. Caminamos por varias semanas. Entre la maleza, encontramos estructuras en las que alguna vez vivió alguien, pero poco a poco comenzaron a aparecer zonas despejadas y gente.

En la Montaña Sagrada no encontramos a nadie, pero en la cuidad vivían muchas personas que, como nosotros, huían de sus aldeas. Decidimos quedarnos allí, a empezar de nuevo donde nadie nos conociera, aun cuando acá también se hablaba del oráculo. Allí construimos nuestro bohío, Osma volvió a sembrar su conuco y a curar a los enfermos. No pasó mucho tiempo antes de volvieran a susurrar "abominación" cuando íbamos al mercado. Pero ya no nos importaba.

El futuro es una decisión escogida entre muchas posibilidades. Nuestra Osma acaba de escoger su camino. Por más que lo intentó, no encontró la hierba que te curara. Moriste el mismo día que cumplió los 30 años. Sin ninguna emoción, me acaba de decir que quizás es mejor así. Fernando, no parece la misma que hizo lo posible por salvarte ni la que lloró cuando te descubrió muerto. Anda diciendo que ahora podrá salir a cumplir su misión. ¡Su misión! Y sus hermanos irán con ella. Al menos, Clara se queda conmigo.

Me dice que no tiene miedo y que nos liberará de esa

sensación aunque tenga que obligarnos y logrará cruzar los mares para encontrar a la gente que vive más allá, porque los hay, me dice. Muchos, al igual que nosotros, desprovistos de futuro y ella se los dará porque conoce el camino al Paraíso.

¿Sabes? Me dice que siempre lo supo, que ella es la del oráculo, es a ella a quien esperan. Sé que podría alterar el futuro porque lo vimos en el pico de la Montaña Sagrada, cuando creamos a Osma y la maldijimos, sin saberlo, con un conocimiento que no le correspondía. Sé que es fuerte, pero la observo y no siempre puede controlar su mente, es como si muchos seres se apoderaran de ella. Hoy acepta su papel de salvadora, mañana no sabremos. De todos modos, tú y yo sabemos que solo nos dará una ilusión que la gente aceptará como una verdad. Fernando, mi padre tenía razón y tú y yo siempre lo supimos. Nuestro futuro está en manos de Osma y ella es una abominación.

Pecar de indiscreto

Querida Abby:

Estoy desesperada. Hace unos meses que mi esposo, un sicólogo de renombre, llega tarde a la casa con la excusa de que ahora tiene un *part-time* como consultor. Según él, la crisis llegó al consultorio y hasta su socio ha tenido que buscarse algo por el lado. La verdad es que el dinero nos viene bien para pagar el *Jaguar*, pero el olor a perfume barato con el que llega me hace sospechar que me engaña con otra. El problema es que no estoy acostumbrada a buscar este tipo de evidencias. Los casos corporativos no tienen nada que ver con los de adulterio. ¿Qué debo hacer?

Desesperada en Torrimar

***

Querida Torri:

¿Recuerdas cuando hace tres meses te comenté que ahora tengo otro trabajo de consultor? Pues resulta que es esta columna de consejos. Me extraña que hayas tenido la osadía de escribirme precisamente a mí cuando la conducta que describes es la tuya y lo sé no solo por el olor a colonia barata con el que llegas tardísimo en la noche, luego de supuestamente jugar bridge con tus amigas, sino porque ese trabajo lo hago desde la casa y ni te has dado cuenta. Para colmo ni siquiera te tomas la molestia de ocultar el nombre de tu amante en tu celular: Papucho. ¿Qué clase de individuo será ese? ¿Qué clase de ejemplo eres para nuestros hijos? Oirás de mi abogado.

Abelardo, alias Abby

***

Querido Abelardo:

Perdona, pero creo que te equivocaste de esposa, estoy casada con Luis Alberto, tu socio en el consultorio. Pero está bien. Gracias a ti ahora sé con quién me las pega el desgraciado de Papucho, como pensé que solo lo llamábamos los más íntimos. Ya conseguí las evidencias que necesitaba. Gracias de corazón.

Futura exesposa en Torrimar

P. D.: Te recuerdo que soy abogada… digo, por si pierdes la licencia. Lo haré *pro bono*. No olvides que te debo una.

Lolitas[1]

16 de marzo de 2010

Luego de casi 24 horas de vuelo, que incluyeron tres aviones y largas horas de escala en dos aeropuertos, llegué al aeropuerto internacional de Narita. Aún no había salido a enfrentarme a esta nueva vida, cuando vi a una joven, vestida como una muñeca victoriana con encajes, medias altas y gruesas y un diminuto sombrero a medio lado. Me quedé mirándola.

17 de marzo de 2010

Anoche no pude dormir. Sin darme cuenta, estaba en posición fetal, llorando. ¿Por qué? Si este apartamento es solo para mí. Me siento tan sola.

1º de abril de 2010

Hoy comenzaron las clases. No sé cómo logré convencer a los del programa JET que puedo enseñar inglés o que tengo suficiente dominio del japonés, después de dos semestres, como para vivir acá o tan siquiera que puedo vivir sola. Pero ya estoy aquí. Me asignaron la prefectura de Chiba, así que me desplazaré por tres escuelas. El sistema acá es tan distinto.

15 de abril de 2010

No me acostumbro a que me llamen Dolores Sensei. Me siento una impostora. Soy enfermera graduada, no maestra. Aunque siempre quise estudiar educación, Ellos me obligaron a estudiar enfermería. "Para que nos cuides cuando estemos viejitos". La vejez llegó demasiado pronto.

---

[1] Cuento ganador del segundo premio en la categoría de la comunidad del XXIII Certamen Literario de la Universidad Politécnica de Puerto Rico.

29 de abril de 2010

La primavera es hermosa, pero mis alergias no. Aun así, pienso aprovechar la Semana Dorada. Voy a salir y ver la ciudad, aunque luego me explote la cabeza. No voy a tomar un avión de regreso aunque extrañe a Laurita.

3 de mayo de 2010

Hoy las volví a ver. Eran tantas que parecía un sueño. Muchas mujeres jóvenes, vestidas como muñecas. Me bajé en Shibuya, al oeste de Tokio, tan solo porque me recomendaron visitar el barrio comercial y allí estaban. Me llamó la atención una de ellas. Parecía una estatua, parada frente a una tienda, debajo de una sombrilla amarilla. En su limitado inglés y mi limitado japonés me dijo que se llaman *roriita*, es decir, lolitas. Así me hubieran dicho a mí si Ellos no hubieran decidido llamarme Dolores, siempre Dolores.

5 de mayo de 2010

Volví a Shibuya. Descubrí que es el sitio de reunión de las lolitas de Harajuku.

7 de mayo de 2010

Claudiqué y los volví a llamar. Los había llamado en abril y me echaron en cara lo malagradecida que soy. ¿Por qué les mentí? ¿Por qué les dije que saldría un momento cuando en realidad los estaba abandonando? ¿No pienso en Laurita? ¿No me doy cuenta de lo mucho que me extraña? Yo también la extraño. ¡Maldita sea! Los extraño a todos. Lloré pensando en Laurita.

24 de mayo de 2010

En Shibuya me encontré con la chica de la sombrilla amarilla. Se llama Nobu. Hablamos un poco. Me entregó su sombrilla mientras escribía en una tarjeta su teléfono, e-mail e información en Maxi.

23 de julio de 2010

Estamos a punto de terminar el trimestre. Me enteré por Nobu que *gaijin* es un insulto. Y pensar que en casi todos lados me llaman así.

8 de agosto de 2010

Resistí la tentación de sacar un pasaje para pasar el mes de vacaciones con ellos. Me fui a Taiwán. En el vuelo conversé con mi vecina de asiento. Resulta que ambas somos adoptadas. Hablé mucho, pero no dije que me adoptaron para que cuidara de Laura el resto de su vida. Tenía seis años y es poco lo que recuerdo de mi familia biológica a la que no me permitieron volver a ver. Tampoco dije que él sufrió un ataque al corazón y se retiró y a mí me tocó mantener la casa. O que ella nunca trabajó ni en la casa ni fuera de ella. O que yo trabajaba hasta dieciocho horas en un hospital, para luego encargarme de todos, en particular, de Laura. O que aun así tomé clases de japonés para venir acá. Tampoco le dije que la primera vez que fui a hacer compras a un *convini* casi me echo a llorar porque me di cuenta que la hacía para cuatro personas y acá estoy sola. Ni que me tomó años reunir el dinero para venir porque todo lo que ganaba iba a la cuenta de ellos. Ni siquiera le dije cuánto los extraño.

13 de septiembre de 2010

Disfruté mucho en Taiwán, pero me alegró regresar a Japón y a mi apartamento. Este es mi hogar. Antes que nada, fui a Harajuku. Luego comenzó el segundo trimestre que promete ser más agitado que el anterior. Los chicos me llamaban alegres "Dolores Sensei, Dolores Sensei". Yo también los extrañaba.

16 de octubre de 2010

Nobu es una chica muy agradable. Cuando no está de lolita, es como cualquier otra. Ayer fuimos a un club a bailar. Como se notaba que no estoy acostumbrada, me sugirió la locura de que quizás me sentiría mejor vestida de lolita.

6 de noviembre de 2010

Fui con Nobu a Atelier Boz, una tienda dedicada a ropa y accesorios de lolitas. Me probé unos sombreros y me gustó cómo me veía. No los compré.

26 de diciembre de 2010

No he querido salir. No sé cuánto tiempo estuve anoche en cuclillas, debajo del chorro de la ducha, llorando porque es mi primera Navidad lejos de casa. Esta mañana los llamé. ¿Por qué los extraño tanto? Luego de la inundación de recriminaciones hablé con Laura. Lloraba. "¿Cuándo eguesas?", me decía una y otra vez. Es la única que no me reclama. Solo espera que vuelva. Desde entonces he tenido ese "¿Cuándo eguesas?", martillándome la cabeza. Pero no quiero volver.

12 de enero de 2011

Comenzó el tercer trimestre. Me gusta esto de moverme de una escuela a otra y pasar el tiempo con los chicos. Los extrañé durante las vacaciones. Pasé 10 días en la villa de Nozawa Onsen, donde aprendí a esquiar. También pasé una semana con Nobu, visitando su familia en Sugamo. No pensé en Laura hasta que regresé a mi apartamento.

11 de febrero de 2011

Hoy cumplí 29 años y no le dije a nadie. Me comuniqué con ellos por OoVoo. ¡Se ven tan desvalidos! Nadie diría que alguna vez pudieron darse el lujo de comprar una cuidadora para su única hija. Laura ha ganado peso. Debí suponer que nadie estaría pendiente a sus comidas. Sus ojitos se veían aún más pequeños, casi como dos líneas, y se le salían las lágrimas mientras me decía: "Doodes, inda, te estaño. Queo que uebvas".

19 de febrero de 2011

A la larga, Nobu, se enteró de lo de mi cumpleaños y decidió celebrar. Me llevó a su casa y me vistió de lolita. No fue fácil porque ella es mucho más pequeña que yo, o yo demasiado grande. Me puso un vestido negro con encajes y falda ancha y remató con una cofia blanca. Parecía una Florence Nightingale, si hubiera usado una minifalda. Cuando me vi en el espejo, me eché a reír y me tapé la boca con la mano. ¡Me tapé la boca con la mano! ¿Desde cuándo lo hago? Me comencé a quitar el disfraz porque hasta me veía bien. Esa no soy yo y, sin embargo, lo era... "Doodes, inda", me dice Laura cuando hablamos. "Ehtáh muy inda ahoa", me repite. A la larga, Nobu me convenció de vestirme de nuevo y me maquilló. "No afraid —me decía—. You nurse roriita".

3 de marzo de 2011

Hoy se celebró el Hinamatsuri o Festival de las Muñecas. Pasé la noche con Nobu y comí y bebí demasiado. Hay una exhibición de muñecas. La que llaman Sanpō me recordó a Laura, tan desamparada. Estaba ahí en el medio, toda adornada, con su rostro pálido y sus ojitos pequeños. ¿Cómo estará? ¿Quién la bañará? ¿Quién la vestirá? ¿Quién se encargará de sus ejercicios? ¿De su comida? ¿Sus medicinas?

6 de marzo de 2011

El viernes mis supervisores me dijeron que están interesados en contratarme para que dé clases el año próximo, pero como maestra regular. ¡Voy a quedarme en Japón! La idea era permanecer este año como si fuera unas vacaciones de mi vida, pero ahora tengo la posibilidad de quedarme un año más. Me dieron hasta finales de este trimestre para darles una contestación. Le dije a Nobu y ese mismo día fuimos de tiendas a comprar lo necesario para coser un atuendo de lolita. ¡Voy a ser lolita!

11 de marzo de 2011

La tierra tembló tan fuerte que nos refugiamos debajo de nuestros escritorios... varias veces. Allí abajo recordé que hoy les daría a mis supervisores mi contestación a la oferta de quedarme a trabajar de maestra. Luego pensé en que regresaría y vería de nuevo a Laura. También en que he sido libre todo este tiempo. A causa del terremoto, no hay electricidad, el servicio de trenes se suspendió al igual que las redes móviles y las réplicas son de miedo. Cuando nos autorizaron a salir de la prefectura de Chiba, lo hice sin pensar. Vi que mis supervisores me miraban, pensando que no aceptaría la oferta. Afuera, hacía viento. En eso no se diferenciaba de los días anteriores. Sin embargo, la sensación era distinta. Algo ha cambiado. Lo veía en el rostro de la gente. Parada frente a la prefectura, no supe qué camino tomar. Desde allí podía dirigirme al aeropuerto de Narita o a mi apartamento. La distancia es la misma. Pensé en Laura y en Nobu y en ellos y en los chicos de las escuelas y en las lolitas y en el atuendo que estoy cosiendo. Pensé en que yo sola había encontrado un lugar para mí. Pensé en este país que hay que reconstruir y que quizás necesite la ayuda de una maestra que una vez fue enfermera. La decisión no fue difícil. Tardé más de una hora en llegar a mi hogar.

Un nuevo comienzo

1

Claudia se observó en el espejo y por primera vez en mucho tiempo no le causó espanto el rostro que le devolvía la mirada. Se tocó su *piercing* Monroe. Su sonrisa seguía torcida, pero la deformación que causaba la perforación le daba una ilusión de simetría.

Cuando salió del baño, la fiesta continuaba sin que los comensales hubieran reparado en su ausencia. Entró a la cocina y encontró a Gianni rodeado de tres jovencitas a quienes les demostraba el arte de cortar verduras en juliana.

—Chicas —dijo mientras le echaba el brazo por los hombros—, esta es mi hermana Claudia, la guitarrista del grupo.

—Uy —dijo la única que se atrevió a hablar luego de que se le quedaran mirando con horror—, ¿qué le pasó a tu nariz?

—Una mala cirugía —Claudia contestó sin rencor—. Todo está debidamente documentado en la prensa del país.

Gianni le besó la frente. Las chicas se marcharon con las espaldas encorvadas hasta que encontraron a otro centro de atención y olvidaron lo sucedido.

—¿Ves a aquel hombre de allá? —Gianni dijo mientras señalaba a un joven de unos 31 años, algo sobrepeso, de piel parecida al caramelo, cabello negro ondulado y sonrisa amable—. Solo tiene ojos para ti.

Claudia lo vio hablando con una joven curvilínea vestida en un traje rojo perfectamente entallado. El anfitrión se la había presentado una media hora antes tan pronto llegó. Era una compañera de trabajo. Claudia sabía que se había propuesto no salir de la fiesta sin atrapar al que tenía de frente.

—Leo y yo hablamos con él —su hermano continuó sin prestarle atención a la cazadora de rojo—. Le advertimos que no te hiciera llorar. —Claudia puso los ojos en blanco—. Le dijimos que conocemos gente que puede hacer que su cadáver desaparezca.

—Ustedes no conocen a nadie —ella dijo.

—¿Cómo qué no? —él contestó mientras le volvía a besar la frente.

Hubo una época en que pensó que a sus hermanos les importa muy poco lo que ocurriera con ella. Esa noche comprobó que se preocupaban tanto que la sobreprotegían. A la vez que Gianni salía de la cocina, entraba la presa.

—¿Todo bien? —él preguntó mientras le rozaba el brazo con los dedos.

Se llamaba David Echandía y era el anfitrión. Se conocieron en lo que a Claudia le parecía otra vida. Aquel momento cuando su mundo se le cayó encima y la aplastó sin misericordia.

—Me han preguntado si tus hermanos y tú darán una presentación —él continuó sin esperar respuesta.

—¿Incluyendo tu amiga? —ella preguntó. Aunque no era una recriminación, así lo pareció.

Claudia buscó a la cazadora de rojo por el salón. La encontró hablando con Gianni, otra posible presa, excepto que su esposa, se acomodó entre ellos. Cazadora cambió su actitud corporal y buscó con el rabo del ojo al otro hermano famoso, pero este estaba anclado al lado de Tula, su propia esposa.

Esa noche no tocarían. Esa era noche de compartir con familiares y amigos. Se merecían un descanso de vez en cuando. Sobre todo, ella después del paso de brasas que tuvo que cruzar.

2

Una mañana abrió los ojos, no despertó, simplemente abrió los ojos. Llevaba tres días sin levantarse de la cama. Solo usaba el retrete cuando no parecía haber alguien en el segundo piso, cuando todos tomaban la siesta o de madrugada. Detrás de la puerta podía escuchar a Gianni y a Marvina discutiendo. Siempre discutían. No sabía por qué discutían y los bebés lloraban todo el tiempo. Discusión-llanto, discusión-llanto, discusión-llanto… No lo soportaba, pero no podía hacer nada. Esa no era su casa. Ese no era su cuarto. Esas no eran sus muñecas.

Recordó, pero no quería recordar, que no hacía mucho se había tenido que declarar en quiebra. No lloró cuando se llevaron los muebles. No lloró cuando se llevaron las joyas. No lloró cuando se llevaron el auto. No lloró cuando la sacaron de su apartamento. No lloró cuando se dio cuenta de que nada de lo que tenía era suyo. No le daría el gusto a la prensa de verla llorar. ¡Pirañas!

Esa mañana, entre la discusión y el llanto recordó, aunque no quería, que estaba de arrimada en casa de Gianni porque no tenía a dónde ir. Que él también lo había perdido todo menos la casa porque tenía niños pequeños. Pero Leonardo no y por eso tuvo que irse a vivir a uno de los barrios más peligrosos de la capital, con su suegra, que no lo soportaba, a una casa de madera de dos habitaciones.

No entendió muy bien qué pasó. Algo de su padre que los manejaba artísticamente, pero también controlaba sus ingresos y defraudó al fisco y huyó del país y los dejó con las deudas y contratos imposibles de cumplir y cláusulas de no cumplimiento onerosas para ellos y se llevó el dinero que se habían ganado. Pero su padre no pudo haberles hecho eso, no a sus hijos. A los otros artistas quizás, pero no a sus hijos. Él los quiere. Siempre los quiso. Siempre cuidó de ellos. Por eso cuidaba de sus dineros.

Ella era su niña mimada. Por eso le buscó esposos que cuidaran de ella. No fue su culpa que el primero la golpeara y el segundo fuera adicto. Pero el tercero. Ese fue el mejor. A él lo amaba. Y a su novio también. Pensó que con él llegaría a vieja, pero se divorció sin haber hablado con ella primero. Le dijeron que era necesario para disolver la sociedad de bienes gananciales y protegerlo, pero nunca más lo volvió a ver. Era su amigo y no la visitó, ni la llamó, ni le escribió. Ni su novio tampoco.

Se sentó en la cama y buscó la botella, pero estaba vacía. Debía tener otra. Por eso se levantó. Si la botella hubiera estado llena, no hubiera tenido que levantarse y no hubiera visto al monstruo que le devolvía la mirada. Una cirugía tras otra, tras otra, tras otra. Y el resultado: un monstruo. Labios desfigurados, un pliegue en la nariz, pezones perdidos en alguna sala quirúrgica, senos apartados, nalgas disparejas... todo por su carrera. Pero su padre dejó de quererla cuando la vio. ¿Cómo es posible que hubiera permitido algo así? Él la quería. No quiso gritarle. No quiso decirle que era su culpa por estúpida. Ella sabía que era una estúpida, pero él la quería como fuera. Hasta que la vio convertida en un monstruo estúpido o un estúpido monstruo. Era un monstruo y era su culpa. No la de él porque él la quería y no permitiría que un médico cualquiera la operara.

Pero el monstruo estaba allí, mirándola desde el espejo. Ese monstruo que tanto odiaba. Ese monstruo que le quitó todo. Estaba allí, la miraba, ella lo odiaba, la botella, el odio, la mirada.

Botella en mano, decidió matarlo.

Silencio.

3

Voces descarnadas. No entiendo. ¿Qué dijo? Mujer. 26 años. 1.80 metros. Cortes superficiales. Deshidratación. Anorexia. .20 % de alcohol en la sangre. Comportamiento violento. Posible depresión mayor. Intervención psiquiátrica. Urgente.

Grito. ¡Hagan algo con esa persona! ¿No oyen que tiene mucho dolor? ¡Cállenla! ¿No me escuchan? Cállenla. ¡No lo soporto! Cállenla, por favor, cállen…

Ese no es el techo de la casa de Gianni. Ni las paredes. ¿Por qué no hay ventanas? ¿De dónde sale la luz? Y este dolor. ¿De dónde sale este dolor? ¿Por qué me duele tanto? ¿Por qué? Esa puerta. ¿Cómo se abrió esa puerta? ¿Ustedes son ángeles?

No me puedo mover. No me puedo mover. ¿Por qué no me puedo mover? ¿No ven que estoy temblando? La botella. Déjenme salir para buscar la botella. Ayúdenme, por favor. Necesito una botella para calmar este temblor. Solo una botella. Déjenme salir, por favor. Ustedes no son ángeles.

¡Cabrones del demonio! Una puta botella. Déjenme salir, carajo. Cabrones de mierda, déjeme moverme. ¡Puñeta! Esto es el infierno…

***

Abrió los ojos y se dio cuenta de que el techo era otro, que la habitación tenía puerta, que no había ventanas ni espejos. Nada. Pero se podía mover. Miró sus brazos llenos de vendajes y no los reconoció. Escuchó un sonido. Era Gianni que acababa de levantarse de una butaca donde dormitaba.

—¿Dónde está Leonardo? —fue lo primero que dijo en una voz que no parecía la suya.

—Está bien —Gianni contestó—, estará aquí más tarde.

—Tienes que cuidarlo; él es el más débil. No lo dejes solo.

—Ahora quien nos necesita eres tú.

—No, él es el más débil. ¿Dónde estoy?

—En una clínica.

—¿Cuándo viene mamá?

—Claudita… Ni ella ni papá van a venir. Ahora somos Leo, tú y yo.

—Pero ellos nos quieren. Sí, nos quieren. No nos van a abandonar. Ninguno de ellos me va a dejar sola aquí.

Sintió cómo su hermano se sentó a su lado en la cama, la abrazó por los hombros y le besó la frente. Supo que había cosas de las que él no quería hablar.

—¿Cuánto tiempo estaré aquí?

—Hasta que mejores. No importa cuánto tome. Leo, tú y yo tenemos mucho que trabajar.

—¿Volveré a cantar?

—Y a tocar la guitarra y a actuar y a modelar.

—No puedo quedarme mucho tiempo. Tenemos que trabajar. Hay que pagar las deudas.

—Eso no importa ahora.

—Pero tus hijos tienen que comer.

—A mis hijos no les faltará nada.

—No te hagas el fuerte conmigo.

—Mis suegros nos están ayudando, Marvina volvió a trabajar, Tula está dirigiendo comerciales y Leo y yo estamos componiendo canciones para otros artistas. Saldremos de esto.

"Ahora somos Leo, tú y yo", Gianni le había dicho. Por un segundo, antes de que entrara Leo, ella consideró que quizás fuera cierto.

4

David Echandía la encontró radiante sobre el escenario de la convención anual de abogados. Claudia Deluca fungía como animadora del evento. Se expresaba con soltura, su lenguaje corporal denotaba seguridad y su actitud exudaba carisma. Le pareció la mujer más hermosa del salón.

La conoció cuando, recién llegado al bufete, le solicitaron que la representara en su divorcio y luego en la quiebra. En la primera reunión llegó a la sala como perdida. No lo miró. Buscó por todos los rincones hasta que encontró una botella, posiblemente de wiski, de la que bebió un trago generoso que pareció revivirla. Sin embargo, continuó bebiendo. Cuando llegó su *entourage*, la encontraron desmayada en el suelo y a él todavía en su asiento sin saber qué hacer.

Luego solo la veía en el tribunal. Siempre ausente. La prensa sugería que se debía al abuso de narcóticos. Él sabía la razón. De todos modos, detrás de esa actitud le pareció reconocer la marca del estoicismo.

Al terminar el evento, la encontró en el vestíbulo del hotel, mientras se despedía del comité organizador. Fue a presentarse, intercambiaron tarjetas y ella le sonrió mientras miraba a la salida.

—Te invito a una copa —le dijo de la manera más torpe que se le hubiera ocurrido.

—Gracias, pero no bebo.

—¿Un café?

—Mi hermano está por llegar —ella contestó mientras señalaba afuera.

—¿Todavía vives con tu hermano?

Ante la mirada desconcertada de ella, le confesó que la había representado en sus procesos legales. Ella se tapó con la mano la boca abierta; él le dijo que imaginaba que no se acordaba.

—Fue una época muy extraña en mi vida —ella se disculpó—. Ahora vivo con Leo.

—¿En el barrio?

—Tula y él compraron un apartamento en la capital... Bueno, ahí llegaron. Nos vemos.

Él supuso que ella no esperaría la llamada. Tuvo que aguantar 24 horas para hacerla. Fueron a un café cerca del apartamento. Contrario a la espectacular que animó la convención, la de ahora era más sencilla. Llevaba un traje de mangas cortas azul oscuro que resaltaba los tatuajes de los brazos y las piernas. Él no recordaba que los tuviera antes. Tampoco llevaba peluca, así que su cabello ondulado a nivel de los hombros estaba libre. En su rostro no había gota de maquillaje por lo que se veían algunas cicatrices pequeñas, el pliegue de su nariz y sus labios asimétricos.

—Supe que van a lanzar un disco —David dijo para romper el hielo.

—Sí —ella contestó, pero no continuó porque llegó la orden.

—Me sorprende que hayan tardado tanto.

—Fue una estrategia de nuestra manejadora: sacarnos del ojo público, ponernos a trabajar, alejados de las cámaras, y regresar cuando todo se hubiera calmado para que el disco se venda por su calidad y no por el escándalo. Además, es un trabajo distinto a lo anterior, así que es como si nos lanzáramos por primera vez.

—Leí que estás componiendo.

—Sí, yo... mis hermanos me lo habían sugerido y esta vez les hice caso.

—¿Cuánto tiempo ha pasado? —él preguntó para llenar el vacío que surgió en la conversación.

—Cinco años...

—Acababa de salir de la Facultad de Derecho. Apenas tenía 23.

Ella no respondió nada. Bebió de su café y comió un pedazo de su *croissant* de almendras.

—Tengo un *hobby*...

Ella lo miró con sospecha.

—Crio perros para competencia.

La mirada cambió a reprobación.

—No son de carreras. Solo tengo un shih tzu y un pomeranio. No tengo mucho espacio, así que... perros chiquitos.

La mirada se transformó en la de titubeo.

—Este sábado voy con uno a una exhibición. ¿Quieres ir?

La mirada se convirtió en incredulidad.

—¿Estás seguro?

—Imagino que debes recibir muchas invitaciones —David sudaba copiosamente—. Quizás no debí…

—¿Dónde?

—En el centro de convenciones.

—Oquei —ella dijo aún con duda en la voz.

Él sonrió con verdadera alegría.

A la exhibición siguieron más citas a cafés, cenas, salidas al cine, paseos por la ciudad, visitas al apartamento, sesiones de entrenamiento y cuidado de los perros, presentaciones a los padres y hermanos, desayunos en el apartamento, paseos en auto, alfombras rojas y confesiones de traumas y enfermedades. Un día Claudia Deluca se percató de que estaba construyendo una vida con David Echandía.

5

Claudia pudo ver en los ojos de Cazadora que le interesaba bailar con Leo. Estaban en el balcón donde apenas un par de parejas podían bailar con comodidad. Los hermanos Deluca destacaban porque lo hacían muy bien. Pero tan pronto la chica se acercó, Leo abrió los ojos y fue donde su esposa. La chica lo había seguido con la mirada, llena de decepción, pero cuando miró a Claudia, esta la esperaba con la mano izquierda extendida. Ella titubeó, pero aceptó la invitación.

—No es nada personal —Claudia dijo cuando comenzaron a bailar—. Solo baila con su esposa o conmigo y si está de buenas con alguna de sus cuñadas.

Cazadora no contestó. Se había impresionado con lo fácil que Claudia pasó de seguidora a líder de la pareja.

—¿Cuánto tiempo llevas en el bufete? —Claudia continuó.

—Dos meses —la chica contestó.

—¿Te gusta allí?

Cazadora observó que el rostro de Claudia estaba sereno. Parecía concentrarse únicamente en llevarla.

—Sí, es un buen lugar para trabajar.

—Me dice David que eres recepcionista, ¿piensas estudiar administración de oficinas?

—¡¿Para qué?! Con un hombre completo los ingresos.

—Curioso porque te he visto hablar solo con hombres casados.

—Son los mejores. Los complaces y ni siquiera tienes que lavarles la ropa.

Claudia detuvo el baile. Cazadora pudo distinguir una sonrisa en su rostro.

—Los tres con los que te he visto, no necesitan ninguna esposa para que les laven la ropa, ellos están acostumbrados a que las suyas tengan una carrera y si no lavan ellos, tienen que salir desnudos de sus casas. Tampoco necesitan una amante que los complazca.

La sonrisa había desaparecido.

—David no está casado. Si así fuera su esposa habría ido al bufete.

—Como ya te dije, ella tiene su propia carrera.

Con un movimiento rápido, Claudia llevó a Cazadora a una consola en la que había varias fotografías, entre ellas una del día de la boda hace dos años.

—Me casé cuando supe que podía vivir sin él. Me costó mucho aprender que mi vida no dependía de complacer a nadie y mi prioridad debo ser yo. Querida, puedes coquetearlo lo que quieras. Si está conmigo es porque quiere. El día en que no, sabe que se puede ir. Yo no lo necesito, así como él tampoco me necesita a mí.

Claudia dejó a la cazadora allí y se dirigió donde David. Es posible que sus palabras chocaran con una pared y se desmoronaran. La verdad es que no le importaba mucho. David, quien la había visto en su peor momento, que conocía su historia y le miraba el rostro todos los días, seguía allí con ella.

—Tus hermanos me acaban de recordar que no debo hacerte llorar —él le dijo al oído.

—Por si acaso, no conocen a nadie.

Claudia buscó a sus hermanos con la mirada. Cada uno con su pareja, hablando con algunos compañeros de trabajo de David. El propósito de la fiesta se había logrado: una simple reunión de familiares y amigos.

—¿Cómo que no? —David dijo—. Te conocen a ti.

Coronado

Por fin, ayer tomamos el tour por la ciudad. Pasamos por la playa de Coronado y me asombró el paisaje. Me imaginé caminando el largo trecho de la carretera a la orilla, una experiencia distinta a las playas boricuas, y mojar los pies en ese mar enorme y oscuro, tan diferente al Atlántico. Sin embargo, me resigné a quedarme con las ganas cuando escuché a mi esposo susurrar a mis espaldas: "Para visitar playas, nos hubiéramos quedado en casa". Aun así, hoy estuve allí, frente al Pacífico, vestida con un traje de baño acabado de comprar que ni siquiera me queda bien. Era todo menos sexy, y no me importó.

Me escabullí mientras él se duchaba. Esta mañana me dijo que prefería pasar el día en la piscina del hotel. "Para piscinas, nos debimos haber quedado en casa", pensé. No sé por qué, después de tantos años de matrimonio, me sorprende que me diga cuán agotado quedó al cabo del largo viaje que emprendimos para ver si nos "reconectábamos". Allá él si quiere pasar el día, haciendo nada como ha hecho en cada parada de Orlando a San Diego. Yo quería algo distinto y me pareció un buen plan eso de pasar el día, tostándome bajo el sol californiano en una playa donde nadie me conoce.

Me llamó la atención la sonrisa. Era amplia, rellena de unos dientes perfectos (*braces*, de seguro) y enmarcada por unos labios gruesos. Luego me atrajo la piel de una oscuridad natural, perfeccionada por el sol y brillante de agua marina. Aquella piel tenía que ser firme y suave y la reacción libidinosa que me provocó hizo que recordara las portadas cursis de las novelas rosas. Si el tipo no era modelo, lo disimulaba muy bien. Pero era un niño. No podría tener más de 22 ni estaba solo. Sonreía junto al grupo de mozalbetes con el que andaba, entre los que se encontraban par de chicas que no tienen idea de lo que es la celulitis.

Luego de mis tres minutos de fantasía sexual, propias de una *cougar*, decidí disfrutar de la arena blanca, el mar azul, el cielo claro, mi traje de baño de abuelita y una cantidad aparentemente infinita de pelícanos.

Traté de aguantar el hambre, pero cerca de las dos recogí mis tereques y fui a buscar un lugar donde comer. Me dirigí a Orange Avenue, la opción más lógica para no perderme, y terminé en un Burger Lounge. Acababa de meterme mi *turkey burger* a la boca —de pavo con una ensalada por el lado para no sentirme culpable—, cuando me pareció verlo varias mesas a la derecha. Era él. Reconocería aquella sonrisa donde fuera. Dejé de comer como una cerda, no fuera a ser que esa linda sonrisa decidiera mirarme. Con mi recién encontrada delicadeza, me bebí la limonada con lavanda y menta. Había que ser una dama ante todo.

Salí del restaurante como una reina y no había andado una cuadra cuando me da con voltearme y allí estaba... con toda su magnífica sonrisa. Dirigida a mí. Por supuesto. Detenido en medio de la acera. Con su piel oscura y brillante. Firme y suave. Bueno, eso último lo confirmé después, luego de que él reiniciara la marcha mientras yo permanecía parada como una boba, encharcada en mis propios jugos vaginales.

No le pregunté su nombre. Para qué si no lo volvería a ver. Bueno, lo confieso: entre ambos existía una barrera lingüística difícil de franquear. Total, conversar en una circunstancia como esa está sobrevalorado. Eso no impidió que el chico, además de modelo o actor porno o surfista profesional o quién sabe qué, resultara adivino. Por mi cara, debía suponer que ponía en duda sus capacidades amatorias. Vamos, que el estudio —*efficiency*, por estos lares—, al que me llevó no era precisamente el más glamoroso. No había sábanas de seda, ni velas para adornar la penumbra, ni música de saxofón, ni champán (¡qué digo champán!, ni cerveza). Pero comenzó con una desvestida lenta. Sí, comenzó bien, como si supiera lo que me gusta.

Ataviado únicamente con su gloriosa sonrisa, se veía tan seguro de sí que le envié un reto con la mirada: "A qué no sabes cómo". Lo aceptó o mordió el anzuelo, no sé. Se acercó y cuando pensé que me iría a besar, negó con la cabeza y volvió a sonreír. ¡Diablillo! "Este no es un crío", pensé. Entonces pasó la punta de sus dedos de forma delicada por el contorno de mi rostro, sin prisa, con toda pericia. Luego trazó la curva que va del cuello a los hombros y, sin detenerse, siguió por el brazo y el antebrazo hasta llegar a la punta de los dedos que besó uno a uno con maestría. Mientras repitió el proceso en el otro lado, sentía cómo me inundaba una sensación conocida, pero aparentemente dormida. Sin embargo, antes de que pudiera decir algo, él repitió la operación a partir de los muslos, la parte de atrás de las rodillas, la pantorrilla, el tobillo, la planta del pie hasta terminar en los dedos que también besó. Se me ocurrió que ya era hora de participar, pero con la mirada y un movimiento de cabeza me dijo que él se encargaría de todo. O se trata de un macho alfa o quería demostrarme que sí sabe. Total, fui yo quién le lanzó el reto, ¿no? Aproveché para ponerme más cómoda con un movimiento de contorsionista que tenía la gracia propia de una foca. Le sonreí para dejarle saber que lo iba a dejar hacer.

Con horror, noté que su mano se aprestaba a realizar el único acto que comprueba que para llegar al orgasmo no hace falta penetración de ningún tipo. El chico se me acercó con la sonrisa de quien acaba de descubrir un secreto y colocó su mano en mi costado, justo debajo de la axila y a partir de ahí, recorrió con suavidad, casi sin tocarme, la curva de la cintura mientras el placer me inundaba cada poro del cuerpo, los pezones se me endurecieron —me gustaría decir que como un par de rubíes, ¡pero qué va!— y me empezaron a brotar fluidos de lugares que ni siquiera conocía. Él continuó hasta llegar a lo alto de la cadera y ahí no soporté más.

Abrí los ojos luego de unos segundos —minutos, horas, ¡qué importa! —, en los que no supe de mí. Noté que la sonrisa era distinta, era la de quien ha triunfado y apenas comienza. Sin duda, hay momentos cuando las palabras sobran. Fue así como esta tarde descubrí que los tres minutos de fantasía sexual de una *cougar* pueden volverse realidad y extenderse a varias horas.

No hace ni media hora que me bajé en la parada del Westfield Horton Plaza. Mi esposo, a quien le contesté sus múltiples mensajes y llamadas perdidas con uno escueto "voy por ahí" —cuando ya estaba montada en la guagua que me trajo de regreso al *downtown*—, me esperaba con un *croissant* relleno de chocolate. Era su oferta de paz, la cual acepté con el primer mordisco. Mientras caminábamos hacia el Gaslamp Quater para buscar un lugar donde cenar *fish tacos* —la comida de rigor en San Diego— me preguntó dónde había estado. Le confesé que en Coronado. Me comentó que me quedaba bien el bronceado. Sonreí. También me preguntó si la pasé bien. Volví a sonreír y le respondí que por supuesto si había pasado la tarde revolcándome con un dios de ébano californiano. De él aprendí que los cuernos no deberían confesarse, pero no aguanté las ganas de restregárselos en la cara.

Recibió la noticia con una carcajada y luego la puso en duda. ¡Cómo me desespera! Él puede ser un viejo verde, pero yo no puedo ser una MILF. No le voy a discutir. Si quiere pasarse el resto del viaje en la piscina del hotel, ¿a mí qué? Siempre me puedo escabullir. Coronado apenas queda a un viaje en guagua de distancia.

Saber elegir el té indicado es un arte

Acostumbro a espiar a los parroquianos de la tetería que queda al cruzar la calle. El sitio es muy hípster con paredes en ladrillo al descubierto y mesas de madera reciclada. Se trata del lugar perfecto para una primera cita cuando ambos se están conociendo y una no quiere comprometerse con una cena elegante.

Esta mañana, por ejemplo, me disponía a tomar mi desayuno. Por lo general, acompaño las tostadas con *earl grey*, pero hoy preparé una versión *latte* a la que le añado extracto de vainilla. No sé por qué lo hice. Siempre que la preparo algo sale mal. Ah, ya recordé, este verano ha resultado demasiado caluroso y esta mañana el calor inundó mi apartamento. En realidad, me desvío del tema. Como siempre, me senté a desayunar en el escritorio bajo la ventana que da a la calle. Así fue que los vi. Era la típica pareja que se encuentra por primera vez, luego de largas horas de conversación frente a sus monitores. Sin discutir mucho con misma, me dispuse a observarlos.

Como siempre, uno de ellos llegó primero. En este caso, se trató de un joven de unos 25 años, de estatura promedio, tez clara, cabello castaño, que se veía muy bien con esos espejuelos de diseñador —imitación de seguro—. Se sentó en una de las mesas de afuera; la segunda al lado derecho de la puerta de entrada. No pudo haber escogido mejor ubicación para mi espionaje. El pobre se notaba nervioso. Primero, se sentó en una de las sillas; luego, se cambió a la de al frente; después se despeinó el cabello, tan solo para tratar de arreglar el desastre con las manos; adoptó una actitud desgarbada; en seguida, se irguió y, al final, suspiró. Estaba a punto de levantarse para huir cuando llegó ella. Debía tener unos 27 años, tez oscura, estatura promedio, cabello negro recogido y llevaba unos zapatos de un alto imposible.

Él no miró a la mesera que tomó la orden. "Buena señal —me dije y tomé un sorbo de té—, va en serio". No hay nada peor que una cita en la que la persona más atractiva no soy yo y debo regresar sola a casa para prepararme una infusión de manzanilla, valeriana y cáscaras de naranja y manzana que me duerme de inmediato y evita que me eche a llorar y al otro día no pueda trabajar, es decir, escribir. Pero me desvío otra vez. Él se notaba muy entusiasmado; ella consultaba su móvil con frecuencia. Antes de que llegara la orden, hubo al menos tres intentos de iniciar una conversación. Pasan largas horas conversando en el mundo virtual, para luego no poder hablar en el real. Lo sé.

Lancé a la ventana el sorbo de té que me había echado a la boca cuando la mesera colocó las bebidas en la mesa. ¿Por qué no los orientó bien? No recuerdo cómo se llama, pero tengo entendido que es muy buena en su trabajo. No lo parece. Identifiqué que a ella le trajo *rooibos* y a él, *chai*. ¡Calientes! No, no, no y no. Así es cómo se arruinan las citas y de eso sí que puedo hablar. Ella necesitaba un té que le levantara el espíritu y él uno que le calmara los nervios. Hubiera sido tan fácil sugerirle a ella una mezcla de té verde con jengibre o, como mucho, *oolong* con jazmín —ambos como té helado son deliciosos—, y a él, té blanco con limón o quizás un *Pu Erh* con naranja y canela –cuya versión *latte* es casi celestial.

Puede que no todo esté perdido. Cuando la mesera se marchó —qué rabia no recordar su nombre—, ella comentó algo que provocó que ambos rieran. La tensión disminuyó y comenzaron a hablar con más ánimo. Podía imaginarme la conversación:

Él: Así que eres escritora.

Ella: Creadora de contenido, escribo para varias páginas web, ¿y tú?

Él: Soy escolta en un hospital.

Ella: Debes ver muchas cosas interesantes, ¿no?

Él: Eh… a veces. Solo llevo pacientes de una habitación a otra.

Ella: ¿Qué?, ¿no te gusta tu trabajo?

Él: No dije que no me gustara. Lo que ocurre es…

Y comenzó a hablar y a mover los brazos. A decir verdad, en un principio, ella intentó mantener el interés, pero eventualmente comenzó a revisar su celular, a contestar algunos mensajes y a mantener alguna conversación por mensajería a la vez que tomaba sorbos de su té —también le hubiera venido bien un *matcha latte*—, sonreía y afirmaba con la cabeza.

El asunto se estaba volviendo tan conocido que había decidido terminar mi desayuno y ponerme a trabajar de una vez. Era evidente que no sacaría ninguna idea de mi espionaje. Acababa de beberme el último trago de mi té cuando, ¡bam!, él comenzó a golpear la mesa con las manos como si quisiera sacarle ritmo. Apenas podía mantenerse quieto. Cualquiera diría que bebía té negro con chocolate y menta —en granizado es espectacular—. Ella extendió la mano para detenerlo y dijo algo que provocó que él abriera los ojos. ¿Qué pudo haber dicho? Nunca he hecho algo así. Busqué en la memoria y es a mí a quien le lanzan el balde con agua hirviendo como para té: "Soy casado", "Mi novia está embarazada", "Acabo de perder el trabajo y tengo muchas deudas", "Necesito presentarle una amiga a mi familia para que mi novio y yo podamos vivir tranquilos por un tiempo".

¡Maldita mesera que no sabe recomendar té! El chico miraba a su alrededor como asegurándose de que nadie la hubiera escuchado; ella se mantenía expectante y yo, que me había levantado de la silla, no me atrevía a pestañear.

No pasó mucho antes de que él se pusiera de pie y yo regresara a mi asiento. Podía ver que ella elevó la vista. ¡Ay, qué ojos indescifrables! Algo le decía, pero el muy maldito me daba la espalda. ¿Qué dijo? ¿Que estaba decepcionado? ¿Que no hacía eso? ¿Que no lo llamara qué él la llamaba? Me han dicho eso y más, pero quién sabe qué se dijo en la tetería que queda al cruzar la calle. Así no puedo crear contenido.

Al final el individuo se fue; ella quedó allí, aplastada por el peso de la desilusión. ¡Si no sabré yo qué se siente! Luego de un rato llamó a la mesera, pagó la cuenta y se fue sin mirar a nadie. Otra historia de amor que no despegó.

Y allí, del otro lado de la calle, sola sentada frente al escritorio, la seguí con la vista a través de la ventana, recordando esa sensación de fracaso que surge después de intentar que una cita salga bien y no lograrlo. Cuando el marco se interpuso, me topé con el estante de cajas y latas de té, acomodadas por color y sabor.

Ninguno de ellos me serviría en esta ocasión. Mejor tomar un poco de agua de azahar e intentar escribir después de unas horas.

Recogí el plato con una tostada pasmada a medio comer y el vaso con los restos del *earl grey latte* que miré con detenimiento. Elegir el té correcto es un arte que aún no domino. Hoy yo también escogí el equivocado.

Crisálida

Lidia se disponía a anaquelar unas nuevas adquisiciones cuando vio entrar a Caleb. Se dio cuenta de que él la había reconocido cuando notó que alteró su forma de caminar. Era la primera vez que se veían fuera de la terapia de grupo. Volteó para verificar si Wanda, la directora de la sala, estaba disponible para atenderlo. Como la vio en su oficina, de espaldas a la sala, con el auricular colgado de la oreja a Lidia no le quedó de otra que esperarlo en el mostrador de servicio.

—¡¿Qué haces aquí?! —preguntó.

Ante los ojos abiertos de Caleb, se disculpó de inmediato. Decidió comenzar de nuevo y le dio los buenos días.

—Busco algún libro sobre mariposas locales —él dijo y luego lanzó su típica sonrisa—. Me han contratado para renovar el logo de un mariposario y quiero consultar fotos y dibujos.

Lidia adoptó su actitud más profesional y dirigió el camino hacia los anaqueles correspondientes. Acababa de regresar de sus vacaciones y todavía no empezaban el semestre académico, así que tendría tiempo de atender a Caleb, quien vestía más formal a como acostumbraba aparecerse en la terapia.

—Le preguntamos a Carla por ti —él comentó en voz baja, a pesar de que la sala estaba vacía— y nos dijo que estabas en un viaje de vacaciones.

—Sí, voy todos los años — ella dijo sin detenerse.

—¿A dónde?

Lidia se detuvo abruptamente y juntó los dedos de las manos.

—Disculpa —él dijo, bajando la mirada—. Es pura curiosidad. Como en la terapia apenas hablas.

—Estados Unidos —ella respondió—. Acá está la sección de entomología. —Y señaló una repisa con unos cuantos libros.

—¿Adónde en Estados Unidos?

Lidia se llevó instintivamente la mano a la sien, pero se percató y la bajó despacio.

—Hay cincuenta estados —él insistió.

"Claro, cincuenta estados", ella pensó. Decir solo "Estados Unidos" resultó demasiado impreciso.

—California —contestó y usó su tono cortante—. Acá hay un libro de referencia sobre mariposas de las Américas. Puede que encuentres algo.

—El año pasado estuve en San Francisco... —Caleb comenzó a decir—, para una conferencia de diseño.

Otra vez ella se llevó la mano a la sien, pero disimuló acomodándose el cabello detrás de la oreja. También se mordía el labio inferior.

—Lo siento —él dijo apenado—, yo...

—Acabo de pasar allí dos semanas por la boda de una prima —Lidia dijo y agarró otro libro.

—Pensé que estuviste un mes —él comentó.

Ella apretó el libro. Recordó al Caleb que conocía: amable, simpático, abierto, dispuesto a contar sobre el año que perdió encerrado en su habitación, su ingreso voluntario al psiquiátrico, su lucha con los medicamentos, sus dificultades para terminar la carrera, los problemas para establecer su negocio en tiempos difíciles. Lidia conocía muchos detalles de la vida del joven que tenía frente a sí, pero él no sabía nada de la de ella.

—Sí, dos semanas en San Francisco y las otras dos en otro lugar —dijo al fin—. Los entomólogos locales no están muy interesados en las mariposas, pero este libro sobre insectos incluye algunas.

Le entregó el libro que Caleb tomó sin siquiera mirarlo.

—¿Dónde estuviste el resto del mes?

"¿No te vas a callar? —Lidia quiso gritar—. ¿Por qué no dejas de hacerme preguntas?".

—Disculpa —él dijo—, no me tienes que contestar. Es que...

—San Diego... —ella contestó sin pensarlo.

Quedaron en silencio, un silencio incómodo en el que no se atrevieron a mirarse.

—Perdona... —él dijo al rato—. Supongo que aquí nadie sabe qué haces los martes por la noche.

—Mi jefa… —Lidia comenzó a decir a la vez que se llevaba la mano a la sien—, ella sí… —se pasó el pelo tras la oreja—. Perdóname, pero yo no puedo hablar de esto como tú, no soy tan franca.

—¿Piensas que soy franco? —él dijo sorprendido— Trabajo por mi cuenta, ¿cuántos clientes crees que conservaría si publico en mi *fan page* de Facebook lo más mínimo sobre mi depresión? Además hay tantas otras cosas de qué hablar.

—Bueno, aquí están los libros —Lidia dijo molesta—. La biblioteca tiene un sistema de anaqueles abiertos: coges el libro que quieras, vas a las mesas de allá —señaló unas mesas apartadas— y lo lees, y cuando termines lo colocas en uno de estos carros. ¡No te atrevas a anaquelarlo!

Cuando llegó al mostrador, vio que Wanda la miraba, aún con el auricular colgado de la oreja. Reconocía esa mirada de "te estoy observando", pero no la de "tu trabajo no me gusta", sino la de "¡¿qué coño haces?!", lo que molestó a Lidia aún más. Para completar, Caleb decidió sentarse en la mesa frente al mostrador, a pesar de ser tiempo muerto y de tener toda la sala para él.

Actuó como si no existiera, así que se metió de lleno en su trabajo. Actualizó la página en Facebook de la biblioteca; colocó en Pinterest las portadas de todas las nuevas adquisiciones, incluyendo las atrasadas, programó algunos tuits con citas y avisos para que se publicaran a lo largo del día y contestó todas las consultas que habían llegado a la dirección de correo electrónico de la sala. Por más que intentó, no logró persuadir a Wanda para que le asignara cualquier tarea lejos del mostrador o, mejor todavía, de la sala, por lo que se vio obligada a permanecer ahí las casi dos horas que faltaban para su receso de almuerzo.

"Hay tantas cosas de qué hablar", Lidia recordaba con cada bocado de la ensalada de pasta y granos que ordenó en un café poco concurrido en pleno barrio universitario. "Tantas cosas de qué hablar". Como un viaje a Estados Unidos o una boda en San Francisco. Tanto que no compartía ni en la terapia ni fuera de ella.

Cuando regresó, vio que Caleb y Wanda conversaban en el mostrador. Él sostenía unos libros. A medida que se acercaba, pensaba en qué le diría. No estaba bien dejarlo ir sin al menos pedirle una disculpa y menos si se lo encontraría en la próxima terapia.

—Lamento haberte tratado tan mal —Lidia dijo tan pronto se paró al lado de Caleb—. Yo no… Es que…

Se hizo el silencio. Wanda se retiró discretamente. Lidia se mordía el labio inferior.

—"…construí una muralla a mi alrededor" —él dijo.

—¿Qué? —ella reaccionó sorprendida.

—Ibas a decirme que construiste una muralla a tu alrededor y yo te diría que soy yo quien lamenta no haberse dado cuenta.

—No —ella comenzó a decir, pero iría a dar una excusa, así que echó a un lado su objeción—. Supongo que tienes razón.

—No importa —él dijo—. A la larga, todo se resume en que yo hablo mucho y tú nada.

Lidia sonrió.

—Tu sonrisa —él dijo y le señaló los labios.

—¿Qué tiene? —ella preguntó, muy seria, para luego llevarse los dedos a la boca.

—Nunca te había visto sonreír. Te queda muy bien.

Volvieron a quedar en silencio. Lidia observó que a espaldas de Caleb, Wanda parecía negar con la cabeza, pero su expresión era la de "¿cuál de los dos será más idiota?" y luego le hizo señas a Lidia para que sonriera.

—Supongo que nos veremos en la terapia —él dijo al cabo.

Cuando ya había dado dos pasos, volteó y llamó a Lidia, quien quedó petrificada.

—Me alegra que hayas regresado —Caleb dijo y le sonrió.

Lidia lo vio salir. Poco a poco despertó y ocupó su puesto detrás del mostrador.

—Marina y yo estamos organizando una reunión de amigos —escuchó decir a Wanda—. Será este sábado. ¿Vas a venir, verdad?

Ya era hora de comenzar a tumbar la muralla, así que iría. Al final de cuenta, era un mejor plan que quedarse en casa comiendo *popcorn* y viendo películas por Netflix. Así que dijo que sí.

—Me alegro —Wanda dijo—, porque Caleb confirmó que iría.

Lidia se llevó la mano a la sien, pero mientras se pasaba el cabello tras la oreja, reconsideró la idea que acababa de tener de inventarse una excusa para no ir. En el fondo se alegró de saber que Caleb también estaría allí. Tenía muchas cosas de que hablarle.

Entre paellas y vecinos[2]

Las apariencias engañan. La joven pareja solía comer frente a la puerta de entrada del cuartucho que compartían. Aprovechaban la sombra que caía por las tardes y aunque el calor los sofocaba, era preferible a quedarse adentro. Colocaban un suelo de goma para que el bebé tuviera más espacio para jugar. Quizás así aprendería a caminar.

Ese día, ella había comprado una caja de paella después de ahorrar durante semanas. Segura de que lo sorprendería, se defraudó cuando al entregarle el plato, vio el brillo del reconocimiento.

—No te preocupes —él le dijo—, hacía tiempo que no comía una. La última vez…

Y calló de repente.

Una caja pequeña de paella era un lujo cuando solo él trabajaba. Algún día ella terminaría sus estudios, conseguiría un buen trabajo y podría aportar. Tal vez lograrían mudarse a un lugar más cómodo y tranquilo, donde el niño tuviera su propia habitación y no se viera obligado a dormir con ella en una cama de una plaza. ¡Pero ahora estaba tan pequeño y se lo disfrutaba tanto! Por lo pronto, el joven los mantenía y solo podían vivir en ese cuartucho.

Estaban a mitad de comida cuando llegó la pareja vecina. Como ambos trabajaban, alquilaban el apartamento más grande y por eso se consideraban superiores a sus vecinos.

—¡Aquí se come bien! —el vecino exclamó, mientras se quitaba el gabán.

Nadie contestó. Entonces la vecina comenzó a hablar del bebé. Que si qué grande, qué lindo, qué saludable, me lo quiero comer a besos. Y cuando trató de agarrarlo, a mamá se le atragantó la porción de paella que no le había dado tiempo de tragar. "Si le espeta una acrílica —pensó—, mañana comemos vecina al horno".

2 Publicado originalmente en *Mundillo: Te contamos historias de mujeres...* Compilación de Jeannette Cabrera Molinelli y Gladys V. Landaburo. Del Alma Editores, 2015.

Al instante, se arrepintió de haberlo siquiera considerado. Mientras tanto, bebé no se dejaba y lloraba, buscando el amparo de mamá.

—Cada día se parece más al papá —la vecina comentó cuando se dio por vencida.

Mamá la miró, papá también y luego se miraron entre ellos.

—Solo una vez comí así de bien —el vecino dijo con una sonrisa pasmada—. Una paella…

Los vecinos se despidieron y desaparecieron por la puerta de su apartamento. La joven pareja se apresuró a recoger y a entrar a su cuartucho. Como todas las tardes, apenas alcanzaron escapar ser testigos de la discusión. Siempre era lo mismo, la discusión llevaba a los gritos, los gritos a los golpes y los golpes a que la mañana siguiente la vecina saliera con exceso de maquillaje y una uña menos y el vecino con varias cortaduras de rasuradora demasiado largas. En definitiva, tendrían que irse. Ninguno de los dos quería que el niño creciera en ese ambiente.

—La única vez que el vecino comió paella te la prepararon a ti, ¿verdad? —ella dijo casualmente, una vez dentro del cuarto.

Él la miró y, gagueando le preguntó cómo lo supo.

—Por la forma en que ella me mira y creo que él lo sabe.

—No duró mucho… —él titubeó—. Fue antes de que llegaras.

—Lo sé —ella dijo con una sonrisa—. Pero no me tienes que dar explicaciones. No es como si estuviéramos casados. Solo somos un par de amigos que comparten un cuarto.

Las apariencias engañan. El joven agarró al niño y se sentó sobre su colchón en el suelo para leerle en lo que le llegaba la hora de dormir. Ella encendió la radio con música clásica para amortiguar el ruido y guardó la paella que sobró para el almuerzo del día siguiente.

—¿De veras se parece a mí? —el joven preguntó.

Ella observó a aquel joven que le enseñaba a su hijo a llamarlo papá y sonrió. Esa era su familia y por ella había sacrificios que valían la pena, como ahorrar para una caja de paella.

—¿Sabes? Para no ser tu hijo es idéntico a ti.

Aurora[3]

Mi tía y yo llevamos el mismo nombre porque ambas nacimos justo antes de que saliera el sol. Sin embargo, somos muy distintas. A ella le gustan el ladrillo, los jardines y los gatos; a mí, el acero, los museos y los perros. Es de imaginarse que nos llevamos bien. Somos cómplices desde mi nacimiento y ahora que nos aprestamos a abandonar el planeta, a nuestra familia no le queda más que confiar en nosotras.

Como es lógico, no recuerdo nada de lo ocurrido la noche que nací. Lo que ha llegado a mí son relatos inconclusos y dispares. Sé que mi tía se estaba quedando en casa para ayudar a mamá en lo que necesitara. El pobre papá nunca fue muy bueno en momentos de crisis y ellas lo sabían.

Una vez mi tía me contó que acababa de acostarse cuando escuchó primero a mamá en el pasillo; otra, que leía un libro cuando oyó las sirenas, y todavía una más en la que me dijo que despertó por la luz. Me gusta pensar que todos esos sucesos ocurrieron simultáneamente, que la luz apareció cuando comenzaron a sonar las sirenas justo cuando mamá rompió fuente.

Entre el ruido y el parto, a mi tía solo se le ocurrió acostar a mamá en su cama. Luego buscó a papá y lo encontró en la sala como una estatua, mirando el espectáculo a través del gran ventanal. Papá siempre lo ha negado, pero estoy segura de que para hacerlo reaccionar, tía tuvo que darle al menos dos bofetadas.

Hubo que tomar decisiones instantáneas porque con lo que ocurría afuera no era conveniente salir de la casa. Así que el parto se atendería allí mismo. Con la excusa de buscar toallas, sábanas y cualquier cosa que pudieran necesitar, tía dejó a mis padres, haciendo ejercicios de respiración, y fue a la cocina. Nadie me ha podido decir qué hizo primero, si buscar las cosas o hervir el agua. Eso no importa, porque como quiera pudo ver con calma a través

---

[3] Publicado originalmente en la *Revista Literaria Visor*, no. 6, enero-mayo 2016.

de la ventana sobre el fregadero cientos o quizás miles de ovnis que invadieron el cielo de la madrugada. No eran estrellas, ni planetas, ni satélites. Eran ovnis de todos los tamaños y todas las formas que la imaginación de millones de ufólogos en la historia haya podido crear. Por eso las sirenas, porque a alguien del ejército se le ocurrió que era una invasión alienígena. Los periódicos de la época que he consultado hablan de aviones de pasajeros derrumbados, de la fuerza aérea combatiendo a los ovnis (o los ovnis atacándolos a ellos), del gran apagón que impidió que se calentara el agua en una cocina anónima donde una tía miraba a través de la ventana, aunque quizás el hervor ocurrió primero. También describen el fuego, focos dispersos que iluminaron la ciudad y que debió haber sido lo único que dejaron atrás mientras se alejaban a medida que se acercaba la aurora.

Tía regresó al cuarto para encontrar a mamá coronando. Nerviosa, imploró intervención divina y fue cuando ocurrió. El cuarto se llenó de una luz brillante que no tenía lugar de origen. Tía dice que de la luz salió un ser amorfo que se colocó a su lado, aunque mamá me dijo que fue sobre su cabeza y papá que fue en la barriga, justo sobre mí. Creo que nunca sabré. Lo importante es que el horror de descubrir a la niña muerta hizo que todos olvidaran los ovnis, las sirenas, la luz, el ser.

Nadie ha sabido decirme cuándo desapareció la luz, quizás fue con el último ovni o cuando cesaron las sirenas. Tampoco nadie me ha podido explicar cómo una bebé muerta lloraba por el frío intenso que sentía fuera del vientre de su madre quien la amamantó antes de darle nombre. Buscaron al ser, pero no estaba. A través de la ventana se distinguían los primeros rayos del sol. En ese momento, mamá habló:

—Lo mismo pasó el día que naciste, Aurora.

Nadie me ha explicado qué quería decir, es decir, qué fue eso que ocurrió cuando nació mi tía. ¿Hubo invasión de ovnis? ¿Una luz en la habitación? ¿Algún ser amorfo? ¿Una niña muerta? ¿O la entrada de los rayos del amanecer?

A veces trato de evocar aquel momento. Solo llegan a mí fragmentos inconclusos y dispares: el ruido de la sirena, el olor a humo, la luz que me rodea, la curiosidad al escuchar el pujo de una mujer y el reconocer los ojos de mi tía quien lloraba de alegría y satisfacción al reconocerse en los míos. Solo sé que desde ese momento somos cómplices.

Hace unos meses ambas nos dimos cuenta de que debíamos prepararnos para abandonar el planeta. Sin decir palabra, mi tía comenzó a tomar muestras de flores y semillas y yo fotografías y reproducciones de obras de arte. Reunimos a nuestros gatos y perros y anunciamos a nuestras familias —mis padres y hermanos; nuestras parejas y descendencia— la fecha y lugar de reunión. Pocos nos hicieron caso.

Acabamos de escuchar las sirenas, ya vemos las luces de los primeros ovnis. Será todo un espectáculo. Sin embargo, ambas sabemos sin habérnoslo dicho nunca que debemos esperar al último, al que llegue justo antes de los primeros rayos del sol, al de la aurora. En ese nos iremos.

La gladiadora

"Si el idiota de Tito asoma la cabeza, es que será un día largo", Julia piensa mientras tira su cartera de cuero raído sobre el escritorio. Ni bien se sienta, Tito se asoma.

—No he recibido el informe, mi gladiadora —dice y levanta el pulgar.

Julia le contesta con dos dedos levantados, que él no ve porque ya se fue. Con desgana, enciende la computadora y de inmediato sale el odioso mensaje "arriba mis Gladiadorez!!!!!" que él mandó a instalar como fondo de pantalla en las máquinas de su división. Ella no lo soporta (no sabe si a él o al fondo de pantalla). Revisa su buzón de correo electrónico y lo primero que encuentra es un mensaje de Tito, con su espantoso uso de la ortografía, en el que le recuerda que aún no ha recibido el informe semestral. Se molesta por el nombre ridículo que escogió para el equipo, porque la entrega sería en dos semanas y porque aún queda una semana según el plan de trabajo que le entregó —y que él, como gladiador mayor o emperador de quinta, aprobó—. Pero como lo quiere para hoy, tendrá que completarlo.

***

Tito se felicita porque su división siempre está a la delantera. Su liderazgo le valdrá otro reconocimiento. Es una suerte que su filosofía de trabajo incluya el no dejar nada para lo último. Por eso motiva a sus gladiadores a dar lo mejor de sí, aunque Julia no parece estar motivada. "La chica es buena —piensa mientras camina a la cafetería para desayunar con otro supervisor—, pero siempre hay que recordarle lo que debe hacer".

***

Julia pasa la mañana peleando con sus compañeros e insistiendo para que le entreguen sus datos. Si con su falsa cortesía no logra su cometido, la sola mención de Tito la ayuda, aun cuando la fecha de cierre no es hasta la semana próxima.

***

A la hora de almuerzo, Tito se vuelve a asomar.

—No he recibido nada —dice antes de proseguir su camino.

"¿Por qué será tan lenta? Ella no tiene lo que se necesita para ser gladiadora", Tito piensa mientras se dirige a almorzar con el jefe al que piensa contarle que el informe semestral ya está listo. Tiene fe en que así será y no puede evitar alegrarse porque todo está saliendo bien. "De seguro que con lo bien que he trabajado, me darán el ascenso".

***

Julia compra un sándwich mustio en las máquinas de comida para comer algo mientras continúa con la tediosa redacción durante su hora de almuerzo. "Así no me tendré que quedar a hacer *overtime*", se repite con cada bocado y con cada tecla presionada. Quiere por una vez llegar temprano a su apartamento para acompañar a su novio a pasear el perro. "Creo que pasa más tiempo con él que conmigo", se dice. No obstante, tiene que quedarse una media hora adicional después de la hora de salida. Le duele la espalda y ve borroso. De todos modos, logra enviar el informe y casi desfallece cuando aprieta el *send*. Justo en ese momento, Tito asoma la cabeza.

—¿Qué haces aquí? —pregunta y continúa sin dejarla hablar—. Por cierto, no hace falta el informe porque el jefe me dijo que va a una conferencia y no lo leerá hasta dentro de tres semanas. Hasta mañana, mi gladiadora.

Mientras Julia lo observa alejarse, coloca su pulgar en posición horizontal, lo dirige hacia él y se dice: "Si en dos semanas me vuelve a pedir el maldito informe, le escupo en la cara para ver si se atreve echarme a los leones".

La llamada

Como te iba diciendo, a mí me da mucha pena. Todavía recuerdo la primera llamada cuando dijo que no me olvidara de irlo a buscar. Se oía desganado y casi estuve a punto de decirle que yo lo buscaba, pero le dije que se había equivocado de número. Escuché un silencio y de momento me pregunta si no era el nuevo número de su novia. Le tuve que decir que no y que no sabía quién era ella. Otro silencio y enganchó.

Como al mes, me vuelve a llamar. Yo no sabía quién era, imagínate. Me preguntó si me acordaba y me dijo que llamaba para decirme que había apretado un número mal, que su exnovia acababa de comprar el teléfono, que la diferencia entre ambos números era un dígito. A mí me estuvo extraño este hombre que llama un mes después a decirme eso, pero en vez de engancharle me dio con preguntarle si lo habían ido a buscar. Tienes que entender. Esta vez se escuchaba cansado, pero aun así la voz era hermosa. Me dijo que estaba en el aeropuerto, que era ya de madrugada, pero que no podía dormir, que había estado trabajando. Luego me preguntó quién era yo y como no se me ocurrió mentirle, le di mi nombre y terminé casi contándole mi vida. Al final me dijo que iba a enganchar porque ya era tarde y yo tenía que madrugar al día siguiente. "Mariana" me llamó y cuando escuché mi nombre con esa voz tan bella por poco me derrito. Me dijo: "Mariana, tu voz me parece muy dulce" y me preguntó si me podía volver a llamar ¿y que le iba a decir? Pues que sí. Es que no tuve el valor de decirle que no. Enganchamos y es cuando me doy cuenta de que estuvimos hablando casi dos horas y yo seguía sin saber quién era él.

Tuve que esperar un mes antes de que me volviera a llamar. Tenía mucha curiosidad de saber quién era, pero no tanta como para llamarlo. Al final lo hizo. En esa ocasión fui yo quien lo interrogó y a qué no adivinas. Resulta que es el actor ese de las telenovelas. Ese mismo. A mí no me parece tan guapo, pero tiene una voz preciosa. Imagínate, él cree que mi voz chillona es la más dulce y no se compara con la suya.

Poco a poco las llamadas se hicieron más comunes y los mensajes de texto también. Nos seguimos en Facebook, nos escribimos por Whatsapp. Yo podría saber lo que hace minuto a minuto, no importa en qué lugar del planeta esté.

Alguna que otra vez nos hemos encontrado. Ay, chica, pero la última vez me dio tanta pena.

Habíamos quedado en encontrarnos la semana pasada para desayunar. Yo sabía que era el día de su cumpleaños. Si con una pequeña búsqueda en Google yo averiguo cualquier cosa que no me diga. Pero como no me dijo nada, no le di importancia. Ese día se veía agotado. Fuimos al café ese que abrieron cerca del trabajo. Muy bueno, ¿sabes? Tienes que ir. De ahí, me pidió que lo acompañara a un sitio al que quería ir hacía tiempo. No, chica, no seas mal pensada. Acuérdate que tiene la novia esa, la periodista. Él está muy entusiasmado, aunque por lo que me cuenta, me da la impresión de que ella no. Fuimos al museo de arte contemporáneo. Ni me imaginaba que le interesaba eso del arte. Se nos hizo tarde y almorzamos en una pizzería, luego terminamos yendo a la primera tanda del cine. Por último fuimos a una cafetería.

Aproveché para comprarle un *cupcake* para celebrarle el cumpleaños. Le dije que me extrañó que no me hubiera dicho. Se sorprendió y juraría que se le aguaron los ojos. Ay, chica. Desde ese día lo tengo pegado al alma. Le pregunté qué planes tenía y me dijo que iría a cenar con la novia. Bueno, me dijo que después de cenar iría a casa de los padres y quizás se quedaban allá y ya. Eso. ¿Puedes creerlo?

Me estuvo raro y le pregunté si no pasaría un tiempo con sus amigos. Y ahí fue que me enteré de lo último que me faltaba por saber. Me contestó que había pasado casi todo el día con sus amigos. Ay, chica, ¿puedes creerlo? El hombre es famoso, con una voz hermosa, una novia espectacular, adorado por muchas personas en un montón de países y resulta que su única amiga es una persona a la que llamó por accidente un día y a la que ni siquiera le cae bien. Me da una pena.

Ojos llenos de arena

I

Omaira se da cuenta de la mancha negra en la pierna derecha de su pantalón. Un mes atrás se hubiera preocupado, hoy, cuando cruza el desierto al sur de la ciudad, no le importa. Le basta con saber que Enrique está con ella, algo rezagado por el cansancio, pero con ella. Por eso, no reconoce de inmediato de quién es el comunicador que se activa; o que aquello que le roza el oído es una bala; o que escucha a sus espaldas la caída de un cuerpo.

—No mires atrás —Enrique dice.

Pero no puede evitar dar media vuelta y quitarse las gafas protectoras. Y mientras a ella los ojos se le llenaron de arena, él se desangra por las piernas destrozadas, gracias a una bala dispersiva. Omaira tiene que decidir entre socorrer a su esposo o huir. Él toma la decisión: "Huye", le dice, dejando la vida en cada sílaba. Ella siente rabia. Después de rescatarlo, acaba de morir frente a ella.

***

Se habían conocido cinco años antes cuando cada uno visitó las reliquias de lo que los ancestros llamaban universidad. Cruzaron miradas y sonrieron. Pero a pesar de la evidente atracción, él se marchó. Ella supuso que no lo volvería a ver si el Ordenador no lo indicase. Esa noche, por medio de un protocolo creado en su comunicador, entró al Ordenador y lo buscó en la base de solteros disponibles, lo encontró, leyó su información, le gustó y sustituyó por el suyo el nombre de la persona destinada para él, una chica con la que se debía encontrar en tres años. Una semana más tarde, Enrique y ella estaban de frente en la primera cita.

El noviazgo duró exactamente dos años, el tiempo correcto para montar una casa con dos salas, dos cocinas, dos habitaciones, dos cuartos de baño, dos puertas y hasta dos balcones, todo dentro de las más estrictas reglas de la antisepsia, importante para evitar contagios innecesarios. Cumplido el plazo, fueron al Instituto, donde físicamente se encuentra el Ordenador. Allí registraron el matrimonio y entraron a vivir por primera vez a la casa, muestra pública de que ya estaban casados.

En un principio, Omaira se alegró de la elección que había hecho. Pasaban las noches conversando cada uno desde su sala, compartían recetas desde sus cocinas y hasta llegaron a ser cómplices de algún acto de rebeldía como planificar el futuro u observar desde sus balcones los fuegos fatuos de las montañas para preguntarse cómo sería vivir allí, si fuese cierto lo que se comentaba de que no eran fuegos espontáneos, sino provocados por quienes habían huido más allá de los límites de la ciudad. Pero lo peor era cuando ella lo sorprendía observándola o él la sorprendía a ella. Inmediatamente, retiraban la vista y se posaba sobre la casa un sentimiento de culpa que podía durar varios días. Eso no evitó que ocurriera el mayor acto de rebeldía imaginable: se tocaron.

Sucedió a la semana de cumplir el primer aniversario de bodas. Enrique le pidió a Omaira que arreglara una gotera en el fregadero de su lado de la casa. Ella había solucionado un problema similar con su lavabo unos meses atrás. Por primera vez, después de un proceso riguroso de descontaminación de parte de Omaira, ambos estuvieron en el mismo lado de la casa. Un vaso de limonada, con la cantidad exacta de edulcorante que a ella le gustaba, la esperó en el mostrador cuando se incorporó después de terminar el arreglo. Bebió con calma, mientras él sonreía y la observaba al otro lado de la habitación, cerca de una ventana por donde entraba una luz dorada que lo hacía ver hermoso. Omaira colocó el vaso donde lo había encontrado, miró a Enrique por un segundo y recordó cuando lo vio por primera vez. En aquel momento, la luz era blanca. Se dispuso a regresar a su lado cuando en medio de una confusión sus manos se rozaron. La primera reacción fue de horror, pero de inmediato se dieron cuenta de que una corriente se había transmitido de un cuerpo a otro.

Agotados a la madrugada siguiente, después de haber explorado sus cuerpos con manos torpes —Enrique había descubierto que la piel obsidiana de Omaira era más suave de lo que jamás soñó; ella, que le gustaba el olor de la piel nacarada de él— se preguntaron por qué el contacto físico estaba prohibido.

Hasta ese momento, estuvieron de acuerdo en que se reproducirían de la manera tradicional, irían al Instituto para el proceso de inseminación artificial con la ayuda del vientre sustituto de un miembro de un grupo exclusivo de mujeres, consideradas heroínas. Esa mañana, ya no estaban tan seguros.

Mal disimularon cuando a la celebración del segundo aniversario llegó la madre de Omaira quien se percató de que su hija y su yerno ocupaban un solo lado de la casa y se preguntó en qué falló. Concluyó que todo debía ser idea de Enrique, quizás el Ordenador se equivocó con él y obligaba a su hija a compartir el mismo lado de la casa. No entendía cómo se veía tan feliz si debía ser una esposa maltratada, sufrida. Todas sus sospechas se confirmaron cuando él sumió a la familia en la peor de las vergüenzas. Porque un día, un gendarme tocó a la puerta de Omaira para notificarle que Enrique había huido.

II

El luto reglamentario por la muerte de un familiar dura quince días, por un huido, no más de tres. El de Omaira duró cuarenta. Se preguntaba por qué Enrique huyó. No era él quien creaba protocolos virtuales para entrar al Ordenador desde su comunicador sin que la detectaran. Salvo su madre, nadie más sabía que compartían la misma mesa, la misma ducha, la misma cama. Nadie podía imaginar que cuando estaban solos los cuerpos se desnudaban y no eran simples roces lo que intercambiaban, sino caricias, abrazos, fluidos, bacterias, microbios y sensaciones para los que nadie los preparó. En todo caso, no debió haber sido Enrique el que huyera.

—No puedes seguir así —le dijo su madre quien la visitó al cabo de los cuarenta días—, tienes que reincorporarte a la sociedad, tienes que salir, que la gente te vea, obedecer al Ordenador.

Omaira la miró como si la viera por primera vez. Si del Instituto no le hubieran enviado un mensaje a su comunicador, no estuviese allí. Sabía que su madre se preguntaba cómo era posible que su hija no supiera que el Ordenador es un ser omnipresente y omnipotente que se sacrifica por todos y lo único que pide a cambio es que lo acepten en sus vidas.

—Mamá, ¿alguna vez has tocado a papá? —Omaira le preguntó al fin.

—¡Qué asco! Claro que no, es antihigiénico. ¿No recuerdas que nuestros ancestros casi desaparecen por todas esas enfermedades que se transmitieron así?

Omaira recordó que mientras vivió con sus padres se comportaban como un par de extraños que compartían una misma casa, cada uno en su lado con un espacio intermedio para ella. Sabía que en los últimos años apenas se hablaban.

—Yo he tocado a Enrique —continuó.

—¡Qué vergüenza! —su madre dijo mientras se sonrojaba.

—Cuando me toca, siento un estremecimiento que no quiero que termine… se llama amor, mamá.

—Eso son sandeces. El Ordenador nos enseña que el amor es causante de actos terribles cometidos por nuestros ancestros. Por eso el Ordenador...

—¿No entiendes, mamá? Un hombre que ama, por más inconforme que esté, no huye y Enrique me ama. Yo lo sé.

—Mañana te acompaño al Instituto para…

—¿Serías capaz de hacer lo que fuera por papá? —Omaira interrumpió, aun sabiendo la respuesta.

—Por supuesto que no… ¿Qué estás pensando? No podrás hacer nada: quienes huyen nunca regresan.

Omaira observó a su madre. Reconoció el terror en sus ojos. Le sonrió conciliadora.

—No te preocupes. Mañana me reintegro.

III

Omaira se levantó temprano. Tomó un desayuno abundante, como no había hecho desde hacía días. Revisó en su comunicador los avisos y contestó algunos mensajes de conocidos, preguntando por su reincorporación. Media hora después, inició un protocolo, se duchó, se vistió como para una expedición, tomó su mochila con provisiones para tres días, miró por la ventana y observó la posición de las cámaras de vigilancia. Cuando se colocaron justo donde les había mandado, aprovechó para escabullirse. Sabía que nadie la observaba y si las cámaras no la captaron, para sus vecinos ella seguiría allí, como de costumbre, creyendo que se había reintegrado, aunque no la vieran. Su protocolo controló todas las cámaras a su paso hacia El Túnel, un tugurio libre de cámaras, en la zona roja.

El lugar olía a canela. "Mezcla", Omaira pensó, una droga altamente adictiva, popular en antros como ese, pero que nadie sabía de dónde provenía.

—¿No frecuentas estos sitios, verdad? —una mujer que no estaba bajo los efectos de la mezcla le preguntó.

—Busco cómo llegar a las montañas —Omaira dijo.

La mujer la observó, analizó cada detalle. Era mayor, como su madre, pero más ajada y encorvada. La cicatriz de una antigua quemadura le cubría la mitad del rostro. Alrededor, todos se tocaban, se abrazaban, se besaban aleatoriamente, en un intercambio de fluidos sin origen. Sin embargo, Omaira y la mujer parecían estar en una burbuja.

—¿Para qué quieres ir allá? —preguntó, luego de su examen.

—Mi esposo… me necesita.

Una sonrisa se dibujó con dificultad en los labios de la mujer.

—Ah, huyó… ¿No sabes que quienes huyen no regresan?

—Él regresará conmigo.

—¿Qué estarías dispuesta a hacer por encontrarlo?

—Todo.

—¿Incluso a exponerte a enfermedades?

—Dije que todo.

—Me gusta tu comunicador.

***

Omaira caminó un día entero, oculta de los satélites por un decodificador de corto alcance, a lo largo de lo que en su momento fueron vías de un tren elevado, por lo que tampoco la veían los habitantes de la ciudad que vivían en los márgenes. Allí se encontraban las fincas que proporcionaban alimentos. La mujer le había indicado que al amanecer debía apagar el decodificador, instrumento ilegal, y que debía proseguir por el río hasta que "la encuentren". No dio más información y Omaira no preguntó. Cuando llegó al lago, el final del camino, se sentó sobre una piedra, para consumir la última comida del día. Acababa de tragar un bocado cuando se percató de que había pisado fango, tocado maleza y estado expuesta a miles de bacterias a lo largo del día, pero no le importaba con tal de encontrar a Enrique.

Sintió sed por lo que con un vaso recogió un poco de agua. No pudo evitar sonreír al darse cuenta de que había estado bebiendo agua sin filtrar ni purificar. Tomó un trago con calma, pero soltó el vaso cuando lo vio. Conocía los perros por los que aparecían de vez en cuando en la ciudad, de los que se encargaba la unidad canina de la gendarmería. También por los que mostraba el Ordenador, pero nunca había visto uno salvaje. Al temor inicial, le siguió el asombro de darse cuenta de que parecía esperar por ella. Pensó que quizás se tratara de un robot, pero la oscuridad no le permitió distinguir. Tampoco quiso arriesgarse a usar una linterna de alta intensidad, por lo que se conformó con una que apenas lo alumbraba. Cada cierto tramo, cuando salía fuera del campo de visión de la linterna, el perro se detenía. Caminaron por la maleza alrededor de una hora, hasta que a Omaira le pareció verlo desaparecer, pero al acercarse reconoció una hoya de dónde provenía un fuerte olor a canela. Decidió seguirlo como mejor pudo y, a punto de tocar el fondo, dio un traspié y cayó al suelo. Perdió el conocimiento por unos segundos, pero despertó gracias a una luz brillante que no provenía de su linterna. Distinguió algunos pies mal calzados, algunas piernas mal vestidas y una figura inmensa, cuyos ojos parecían un par de ónices, y a cuyos pies descansaba el perro.

—¿Quién eres y qué buscas? —preguntó con una voz poderosa que penetró los huesos de Omaira.

Pero antes de que pudiera contestar, volvió la oscuridad, pero no la inconsciencia. Percibió que la catearon, revisaron su mochila, la llevaron de un lugar a otro, discutieron por ella; sintió el calor de las linternas, el sonido de una fuente de agua, el silencio de una habitación fría, la brisa de la intemperie y el olor a canela, siempre a canela.

—Me llamo Omaira Ruiz, 32 años, cédula 7515013, busco a mi esposo Enrique Gándara, 28 años, cédula 7633712 y no me voy a ir de aquí sin él —repetía una y otra vez, como había practicado durante cuarenta días.

—¿Quién te dijo dónde encontrarnos? —preguntó una voz diferente, más melodiosa.

—Me llamo Omaira Ruiz…

—¿Quién te dijo que está aquí?

—Me llamo Omaira Ruiz…

—¿Quién más viene contigo?

—Me llamo Omaira Ruiz…

Y así hasta que sintió un dolor punzante en la cabeza y regresó la inconciencia.

IV

No sabía qué día era cuando despertó en una habitación cuya luz intensificaba el dolor de cabeza. Frente a ella había pan, frutas frescas, queso y leche. El hambre era tanta que comenzó a comer sin preocuparse por las condiciones sanitarias de los alimentos. Los sabores y las texturas eran distintos a los que estaba acostumbrada: el pan era más duro; las frutas, más suaves; el queso, más intenso, y la leche, más espesa. A punto de terminar, entraron ojos de ónix y una figura menuda. No tenía que hablar para que Omaira supiera que se trataba de la dueña de la voz melodiosa. Detrás, el perro.

—¿Dónde está tu comunicador? —Ojos de Ónix preguntó.

—Me llamo…

—Eso lo sabemos —Melodía interrumpió.

Omaira estaba a punto de recomenzar, cuando Melodía hizo el ademán de salida, pero una mirada de Ojos de Ónix la detuvo.

—Soy Hache y ella es mi consorte Pe —él dijo—. ¿Qué te hace pensar que tu esposo está aquí?

—Me informaron que huyó —Omaira contestó, luego de mirarlos con recelo.

—Si huyó, como dices —Pe dijo—, ¿para qué lo buscas? De seguro quería salir de ti.

Omaira la miró con el ceño fruncido. Pe pareció moverse, pero Hache le colocó la mano en el hombro. El perro se había tirado, bloqueando la puerta. Allí seguía, lamiéndose las patas. A Omaira le llamó la atención el cobrizo de sus pieles. El color era más claro que el suyo y parecía confundirse con lo que pensó que eran harapos en colores pardos y oliva que vestían, pero que resultaron ser vestimentas finamente elaboradas con fibras naturales.

—Pienso que deberías regresarte —Pe le dijo y dio media vuelta para salir.

—No —Hache exclamó, mientras volvía a detenerla.

Pe lo miró con el rostro lleno de interrogantes. A la larga, Hache y ella salieron sin decir más. Al cabo de unos minutos, entraron dos guardias que escoltaron a Omaira al exterior. La condujeron por un valle árido a lo largo de un antiguo camino ancho, flanqueado por ruinas de edificaciones antiguas que servían de comercio o vivienda, donde se mezclaban gentes inconexas y absurdas, y donde el aire olía a canela.

Detuvieron la marcha en lo que parecía una plaza. Alguien le entregó a Omaira un vaso cuyo contenido bebió con desesperación, aun cuando sentía un tenue sabor a canela. Saciada la sed, alzó los ojos. En lo alto de unas escaleras, se encontraban Pe y Hache; él, en una imponente silla al lado de la cual había un comunicador rudimentario; Pe, en una igual de majestuosa. Si no fuera porque las monarquías se habían extinguido, Omaira hubiese jurado que se trataban de tronos. El perro, en pose hierática, ocupaba uno de los escalones que de otra forma estaban vacíos.

—Me ha tocado la responsabilidad de gobernar esta comarca —Hache dijo, mientras acariciaba a otro perro, inmóvil entre ambos tronos—, así que tengo obligaciones que no voy a descuidar por una intrusa. Pe se encargará de ti.

Inmediatamente, levantó la mano para contener cualquier posible queja. Pe, erguida en su trono, se limitó a comentar sobre sus propias obligaciones.

—La seguridad es tu responsabilidad —Hache le contestó— y Omaira Ruiz, 32 años, cédula 7515013, es un problema de seguridad. Atiéndelo como mejor creas.

Pe bajó con lentitud los catorce escalones que Omaira contó con cada latido del corazón. Contrario a Hache, cuyo rostro no reflejaba ninguna expresión, la encargada de la seguridad de la comarca no podía ocultar su fastidio de tener que atender un asunto que parecía estar por debajo de su dignidad. Al terminar de bajar, se colocó frente a Omaira y se acercó hasta que esta percibió un vaho de canela en su aliento:

—Debiste haberte ido cuando te dije —le dijo en un susurro.

Omaira no esperaba el empujón que le dio Pe. Se sorprendió de que una criatura en apariencia tan débil tuviera semejante fuerza. Se vio obligada a seguir un camino que le indicaba un edecán, mientras la escoltaban los dos guardias.

—Me pregunto —Omaira escuchó a Pe a sus espaldas— si nunca te dijeron que quienes huyen no regresan. Es que me está curioso que hayas querido venir. Eso te convierte en alguien que huye y es cierto, quienes huyen nunca regresan.

Por más que Omaira intentara mirar atrás, una mano no se lo permitía. La empujaba y la golpeaba si advertía el mínimo atisbo de resistencia de su parte. Por la fuerza suponía que era Pe, pero nunca pudo confirmarlo.

—He hablado con muchos huidos y tú eres la primera que huyó para regresar. Muchos quieren regresar, pero saben que no deben.

La voz de Pe comenzó a cambiar. De pronto, era más profunda o aguda o llena de hiel. Omaira no podía precisar si era un hombre o una mujer, un niño o una anciana. Era como si todas las voces hablaran a la vez.

—Pasa, que no formamos parte de tu sociedad —las voces continuaron—. Somos de aquí. De un lugar desconocido para quienes viven en la ciudad. Es una pena que ustedes no sepan de nosotros, porque nosotros podemos vivir sin ustedes.

Y Omaira detectó hiel en las voces. De pronto, los guardias la agarraron por los brazos con una fuerza que consideró innecesaria, pero antes de que pudiera protestar, el horror se apoderó de ella. Reconoció a dónde la llevaban y resistió.

—Hoy descubrirás, mi niña, que sin nosotros ustedes no pueden vivir...

Omaira gritó, golpeó, mordió, pero nada evitó que la metieran en una cámara antisensorial, reliquia de la guerra civil que flageló a los ancestros en el siglo XXI. Dos siglos más tarde eran ilegales. Pero no estaba en la ciudad, bajo el amparo del Instituto y su gendarmería; estaba en una comarca desconocida, bajo las órdenes de su encargada de seguridad, quien haría lo que le pareciera.

***

se sintió asfixiar en la oscuridad donde se abolió el tiempo donde el suelo desapareció donde el silencio se hizo opresivo donde la canela le entraba por los poros donde escuchó a pe o quizás no quizás la imaginó dentro de su cabeza quizás la inventó quizás era un sueño todo un sueño un sueño del que tardaba en despertar «después de la guerra comenzamos a morir» porque tendría que despertar «surgieron viejas enfermedades pero no había cómo prevenirlas» o es una pesadilla «la reservación se construyó para unos pocos» su vida es una farsa «el ordenador escogió a quiénes pero de casualidad todos pertenecían a unas pocas familias» ni enrique ni ella son reales «a los demás a los desechables a los inconformes nos usaron para experimentar las curas» pero lo que siente es real «cuando descubrieron cómo vivir de nosotros nos descartaron en las comarcas y llamaron a la reservación la ciudad» él es real «sustituyeron gobierno y religión por instituto y ordenador pero nosotros seguimos aquí» la mezcla es real «y comes gracias a nosotros porque nos esclavizan para atender sus fincas» enrique «y naciste porque se llevan a nuestros hombres como sementales y a nuestras mujeres como incubadoras heroínas las llaman pero nos inseminan sin pedirnos permiso y muchas mueren» enrique es real «y huir es un mito porque su gendarmería trae a la mayoría para que muera de cualquier enfermedad» lo que siente por enrique es real «y el paraíso enclaustrado donde vives es un mito porque allende los mares continúa la guerra por comida por religión por política no importa» lo que enrique siente por ella es real «pero una imbécil como tú jamás lo entenderá» (las imágenes se agolpan, omaira comienza a gritar) «vives aislada y no te importa» (son gentes diversas en paisajes diversos, escucha su grito) «nos explotan para mantenerte a ti» (es gente normal-feliz-triste, sigue gritando) «sin nosotros ni siquiera tendrían mezcla» (han huido, pero es gente normal, comienza a llorar) «y vienes a buscar a tu esposo para encerrarlo en tu burbuja» (es el mundo allá afuera, un mundo sin ordenador, no escucha su llanto) «pierdes el tiempo quienes huyen no regresan» (son lugares prósperos y desolados, florecientes y yermos, todo huele a canela) «y enrique huyó pero tú también» y lo recordó

—Me llamo Omaira Ruiz, 32 años, cédula 7515013, busco a mi esposo Enrique Gándara, 28 años, cédula 7633712 y no me voy a ir de aquí sin él.

Perdió el conocimiento justo después de sentir la arcada.

V

Despertó, sintiendo humedad bajo el rostro. Por el olor supo que se trataba de su propio vómito. Antes de abrir los ojos, sintió nuevas arcadas que culminaron en el vómito de jugos gástricos. Omaira no estaba sobre la cama, sino en el suelo donde de seguro la tiraron en algún momento de la noche. Ese otro mundo, el de la cámara antisensorial, seguía atravesando su cuerpo. Trató de levantarse, pero un dolor agudo la detuvo al instante. Poco a poco movió los brazos para estudiarlos y reconoció los moretones. Debía tener más en el resto del cuerpo.

Logró arrastrarse al otro extremo de la habitación donde encontró una tina en la que se sumergió vestida. Sintió cómo el agua caliente le aliviaba los músculos adoloridos y distinguió el olor a azufre que un incensario con mezcla intentaba ocultar. A un lado, vio un tarro de agua fresca que bebió con avidez. Solo cuando sintió que recuperaba la cordura se quitó la ropa. Había terminado de desnudarse cuando escuchó ruidos a la puerta. Se hundió hasta los ojos, que dejó afuera. Al reconocer a Enrique trató sin éxito de salir de un salto para echarse a sus brazos. No hubo necesidad. Él la sacó del agua sin mucho esfuerzo. Hicieron el amor con la desesperación de aquella primera vez, pero con la pericia de conocer bien al otro.

—¿Por qué viniste? —él preguntó después, mientras observaba los moretones de su esposa. Necesitaría varios días para recuperarse—. No debiste.

Omaira lo observó. Había algo distinto en él, quizás algunos surcos en el rostro o el cabello reseco o canela en su aliento, no pudo precisarlo.

—Vine a buscarte —le contestó.

Enrique suspiró. Se transportó a aquella tarde cuando caminaba de regreso a la casa. Quizás por sus cavilaciones, que siempre tenían que ver con Omaira, no se percató de los que corrían a su lado. Primero fue un muchacho, luego una pareja, después un grupo de escolares hasta que, antes de reaccionar, una muchedumbre lo arrastró. Se reconoció en medio de la calle con los gendarmes cerca. Luego los gases y no supo más hasta que despertó porque uno de los perros de Hache le lamía la cara.

—Estaba asustado —continuó su relato—. Me di cuenta de que no estaba en la ciudad, sino en un desierto, sin comunicador y sin saber por qué. Dicen que hay unos gusanos enormes, pero no es cierto. No hay nada más rastrero que Pe. La conociste, ¿verdad? Es la digna consorte de una excusa de ser humano como Hache.

—¿Por qué dices eso de Hache? —Omaira interrumpió sorprendida.

—El hombre vive para complacerla. A él no le tiembla la voz para disponer de la vida de alguien, sea niño o anciano. Más si ella se lo pide. Aun así, para Pe nada es suficiente y para Hache, nada es poco para ella.

—Creo que la ama. Por eso está dispuesto a hacer cualquier cosa por ella. Quien ama está dispuesto a hacer todo por la persona amada. ¿No harías lo mismo por mí?

No lo dejó contestar. Recostó la cabeza en el pecho de Enrique y permanecieron abrazados por un rato.

—Regresa conmigo —ella le pidió.

—¿Qué voy a hacer allá? Da lo mismo que regrese o que me quede.

—Pero estaríamos juntos.

—Podemos estar juntos aquí.

—Yo no pertenezco acá.

—¿No crees que es lo mismo? Allá nos vigila el Ordenador, acá nos vigilan todos.

—Nuestra casa está allá.

—Hay lugares más allá donde podríamos ubicarnos.

—Pero ya estamos ubicados en la ciudad.

—Omaira, nadie que llega acá regresa.

Antes de que pudieran continuar, sintieron una voz que ordenó a Enrique presentarse ante Hache. Él se levantó y sin titubear localizó en la pared una ducha y luego el guardarropa.

***

Cuando Omaira se hubo recuperado, gracias a un par de jóvenes que nunca le hablaron y que le aplicaban cataplasmas de hierbas, y la sumergían repetidamente a la tina, se presentó ante Hache. Todavía se le hacía difícil conciliar la imagen que tenía de Pe y Hache con la que le presentaba Enrique. Dependía solo de su palabra porque no los había vuelto a ver desde que entró a la cámara antisensorial.

Enrique y ella encontraron a los consortes sentados a la cabeza de una mesa que ocupaba un amplio salón comedor, lleno de sus súbditos, como les llamó él. Entre los manjares estaba la mezcla, pero sin el efecto acostumbrado, inmune a él debido a las altas cantidades que consumió durante su sanación. Pe estaba sentada al lado de Hache. A Omaira y a Enrique los acomodaron en lados contrarios. A los pies de Hache, un perro. A sus espaldas, otros dos.

—¿Ya decidieron qué harán? —Hache le preguntó a Omaira.

Le sorprendió la pregunta cortante, sin un saludo o una disculpa por la paliza o la cámara antisensorial. Había tenido suficiente tiempo para pensarlo. Le contestó con la misma actitud:

—Yo quiero regresar.

Para desconcierto de Omaira, Hache sonrió:

—Apenas acabas de llegar. ¿Qué son cuarenta días entre amigos?

Omaira lo miró extrañada. Había perdido la noción del tiempo desde que cayó en la hoya y hubiera jurado que había pasado años en allí.

—Mi comarca es un buen sitio para vivir —Hache continuó, sonriéndole—, y ya sabes que tenemos cuidados médicos de primera.

Hubiera querido decirle que sus cuidados médicos no valían nada, que se podía quedar con su mezcla y su consorte abusiva, que en la ciudad se vive mejor. La rabia no se lo permitió.

—No es necesario que la convenzas —Pe le dijo a Hache— ya tienes suficientes concubinas.

Omaira miró a Enrique alarmada. Él, imperturbable, masticaba un pedazo de mezcla pura.

—Y tú suficientes mancebos —Hache dijo para que todos escucharan—. No me los tienes que ocultar… Curioso, cuán rápido apareció Enrique Gándara, 28 años, cédula 7633712.

En esta ocasión, Enrique miró atónito a Hache. Omaira no entendía lo que ocurría. Debía ser culpa de la mezcla que estaba en todos lados: la comida, la bebida, el aire.

—No creas lo que dice —Hache le susurró a Omaira—, solo la tengo a ella. ¿Y el señor qué hará? —le preguntó al cabo a Enrique.

—Si Omaira se va —respondió después de pensarlo un poco—, supongo que me iré con ella.

—Mejor hubiera preguntado qué quiere…

Quedaron en silencio.

Esa noche Omaira no supo si durmió y soñó o si permaneció despierta. Vio la mano de Pe colocada en la muñeca de Hache. Pero era un gesto extraño, lleno de un afecto distinto al que se demostraban Enrique y ella. "Ya que se van —le pareció escuchar en un tono zalamero—, ¿puedo encargarme de los preparativos del viaje?". Tuvo que haberlo soñado, Omaira sabía que Pe no tenía que pedir permiso para hacer lo que quisiera. Todos lo sabían. Por eso no supo si fue una visión. Pe podía alegar motivos de seguridad para encargarse de lo que fuera y Hache no se lo impediría. ¿Acaso impidió que diera órdenes de que la golpearan, de que la metieran en una cámara antisensorial? Había algo raro en la petición y en el beso, el beso tan distinto a los que comparten Enrique y ella.

VI

Omaira decidió regresar un domingo. Por la mañana, durmieron hasta tarde. Ella abrió los ojos primero y despertó a Enrique con una caricia. Encontraron la comida servida: más pan, agua, leche, yogur, frutas y nueces. Salieron de la habitación listos para partir, vestidos con ropa limpia. En la plaza los esperaban Pe y Hache.

—¿Están seguros de que quieren regresar? —Hache insistió.

Omaira sabía que aquel no era su mundo y confirmó ante el titubeo de Enrique. Hache ordenó que les entregara las provisiones que les tenían listas. Le entregó a Omaira otro decodificador de corto alcance, no tan viejo como el que le entregó la mujer de El Túnel. Ella lo aceptó.

—Creo que no tengo que decirte qué es —Hache le dijo—. Enciéndelo tan pronto lleguen al desierto al pasar las montañas, antes de los límites de la ciudad. Nada los verá: ni el Ordenador ni nadie.

Pe al menos no era hostil. Supervisaba la entrega de las provisiones y añadió par de mantas para la noche. Se despidió de Enrique con un abrazo y luego le acomodó los mangos de la mochila; a Omaira ni siquiera la tocó.

—Te aconsejo que no regreses —le dijo—, no mires atrás, olvídate de nosotros.

—No vine a quedarme —Omaira le contestó.

—Muchos acá tenían esa intención y, sin embargo, aquí siguen.

Hache se despidió de ambos con un abrazo.

—Pe tiene razón —le dijo al oído a Omaira—: no deben regresar, pero si algo ocurre —continuó—, no dudes en buscarme. Ya sabes dónde.

Omaira y Enrique partieron agarrados de manos por una ruta que Hache les indicó la noche anterior. Era más larga y compleja, pero más segura. El mundo resultó extraño, y a ella le

76

pareció que solo se tenían el uno al otro. El primer día, cuando únicamente se detuvieron a tomar dos meriendas, subieron las montañas; luego encendieron un fuego y durmieron a la intemperie, turnándose para vigilar. Se levantaron de madrugada y, todavía oscuro, entraron a la selva montañosa. La falta de cámaras les permitió comer con tranquilidad y dormir al calor de un fuego que quizás alguien en la ciudad viera. Omaira dirigió la expedición. Sabía cómo identificar las cámaras, si encontraban una, y su funcionamiento, por lo que estaba más agotada. Fue por eso que la tercera noche, luego de bajar las montañas para entrar al valle desértico, Enrique le cedió el primer turno para dormir y, mientras tanto, la observaba y pensó en la mujer que había descubierto en los pasados días. Estaba más preparada que él para enfrentar cualquier reto y merecía dormir un poco más.

Omaira despertó faltando pocos minutos para la hora en que debían reiniciar el camino. Se quejó de que Enrique no hubiese dormido, pero él insistió en que con dormitar un poco fue suficiente. Ella calculó que si continuaban con el ritmo de los días anteriores, podrían llegar a la casa antes de la medianoche.

Caminaron toda la mañana, llenos de energía, por el desierto. Hicieron dos paradas, antes de llegar a los límites de la ciudad. Omaira sabía que en esa zona no había cámaras, pero los satélites vigilan con frecuencia por su localización cercana a la ciudad. Entonces comprendió por qué Hache le entregó el decodificador. Podrían pasar desapercibidos cuando de otro modo hubiesen quedado expuestos. Como el decodificador era de corto alcance, debían caminar juntos. Por eso, antes de continuar, le advirtió a Enrique que no se alejara.

No se detuvieron muncho rato para tomar la merienda de mitad de tarde. Por la mañana, la lluvia levantó un vapor asfixiante, pero por la tarde, el sol calentó el camino. Enrique empezó a sentir los días de camino, las subidas y bajadas por las montañas, la intensa lluvia del Trópico, las noches frías y los días calurosos, los insectos, la bruma sofocante, la suciedad… No se quejó, pero le dolían las plantas de los pies y sentía la mochila cada vez más pesada. Pero lo peor fue el sueño. A pesar de que comieron liviano, Enrique sentía los párpados pesados. Cuando miró al frente, vio a Omaira caminando despacio, pero segura de cada paso. No había duda de que era la más fuerte de los dos. Siempre lo supo, pero hasta ese momento no había tenido la oportunidad de comprobarlo. Se preguntó por qué lo fue a buscar, a él que solo la atrasaba en su viaje, a él que se había convertido en una carga. ¿Qué haría cuando regresara? ¿Ocultarse porque quien huye no regresa? ¿Qué haría él sin su comunicador? Poco a poco, Enrique iba perdiendo las fuerzas y quedando cada vez más rezagado.

Omaira, que se había fijado en una mancha en su pantalón, se detuvo cuando en un segundo reconoció el timbre del comunicador de Enrique. Una sensación helada le recorrió la espina dorsal y se agolpó en la nuca hasta erizarle los cabellos. Por poco desfallece cuando una bala le rozó el oído. En un segundo, se dio cuenta de que pronto llegarían los gendarmes, de que Enrique no debía tener el comunicador consigo porque desapareció cuando huyó, de que solo una persona tuvo la oportunidad de esconder un comunicador, de que él estaba afuera del rango de protección del decodificador, de que ella era invisible para máquinas y humanos, de que esa persona era responsable de la seguridad de una comarca allende las montañas, de que quería mirar atrás, pero no debía, de que si hubiera podido ver la pantalla del comunicador, reconocería el nombre, de que Enrique la necesitaba, pero le dijeron que no mirara atrás, de que se sentía culpable porque no podía hacer nada por él, de que su voz le advertía no mirar atrás, de que ese sonido agudo era el de una bala, de que veía los transportadores que se aproximaban bajo la lluvia... Volteó, se quitó las gafas y, mientras los ojos se le llenaron de arena, observó a Enrique tirado en el suelo sobre un charco de su propia sangre y con las piernas destrozadas. Pasmada del terror, tuvo que decidir entre socorrer al esposo que fue a rescatar y que agonizaba o tratar de llegar a la casa. Pero él decidió por ella. Casi sin fuerzas, movió los labios para decirle: "Huye".

Miró alrededor y se dio cuenta de que los transportadores de los gendarmes estaban cada vez más cerca. No la veían, recordó que no la veían y echó correr.

VII

Omaira veía a lo lejos la caravana que traía a Pe. Sintió la mano de la mujer de El Túnel, donde había ido a refugiarse, agarrarle el brazo.

—Recuerda que prometiste no matar a mi niña aquí —la mujer le dijo.

Después de meses de llanto por la muerte de Enrique, de saberse una vergüenza para sus padres, quienes creían que había huido, de ver en su comunicador cómo destruían su casa y, lo peor para ella, de reconocer su adicción a la mezcla, había tenido mucho tiempo para planificar. Pe pagaría por haberla dejado sin Enrique, pero no ahora. Ahora solo se limitaría a intercambiar lugares con ella.

—Siéntete feliz, Omaira Ruiz, 32 años, cédula 7515013 —Pe le dijo cuando le pasó por el lado—. No todas las concubinas de Hache llegan a la comarca con toda la fanfarria de la consorte.

Omaira, que se había detenido para escucharla, reanudó la marcha sin decir nada. Ese era el trato: regresaría como concubina de Hache. Solo así estaría protegida de Pe. Pero eso no era lo que le preocupaba. Algún día tendrían que enfrentarse. Por lo pronto, cuando la caravana reanudó la marcha, solo tenía en mente llegar a su verdadero objetivo. Solo así Pe sufriría lo mismo que ella.

Esta primera edición de

Ojos llenos de arena

se imprimió en julio de 2018

www.ingramcontent.com/pod-product-compliance
Lightning Source LLC
Chambersburg PA
CBHW031859170626
46807CB00004B/1800